科学出版社"十四五"普通高等教育本科规划教材

新时代大学生劳动教育理论与实践

曹三杰　汤火箭　主编

科　学　出　版　社
北　京

内 容 简 介

　　劳动教育是新时代党对教育的新要求，是中国特色社会主义制度的重要内容，是全面发展教育体系的重要组成部分，直接决定社会主义建设者和接班人的劳动精神面貌、劳动价值取向和劳动技能水平。本教材从新时代大学生劳动教育的育人理论、育人使命、育人组织、育人正观、育人实践和育人铸魂六个方面，探究回答了新时代大学生劳动教育究竟育什么和如何育的理论问题，为创新和实践新时代大学生"一正四强　铸魂六器"的劳动教育特色育人模式提供理论指导。

　　本教材既可作为高等学校大学生劳动教育的新型特色教材，也可作为高等学校的教师及管理者的指导用书，还可作为劳动知识与劳动技能训练的参考资料。

图书在版编目（CIP）数据

新时代大学生劳动教育理论与实践 / 曹三杰，汤火箭主编. —北京：科学出版社，2023.8

科学出版社"十四五"普通高等教育本科规划教材

ISBN 978-7-03-076015-9

Ⅰ. ①新…　Ⅱ. ①曹…　②汤…　Ⅲ. ①大学生－劳动教育－高等学校－教材　Ⅳ. ①G40-015

中国国家版本馆 CIP 数据核字（2023）第 129172 号

责任编辑：潘斯斯 / 责任校对：贾伟娟
责任印制：赵　博 / 封面设计：马晓敏

科 学 出 版 社 出版
北京东黄城根北街 16 号
邮政编码：100717
http://www.sciencep.com
天津市新科印刷有限公司印刷
科学出版社发行　各地新华书店经销
*
2023 年 8 月第　一　版　开本：787×1092　1/16
2025 年 10 月第六次印刷　印张：11
字数：270 000
定价：39.80 元
（如有印装质量问题，我社负责调换）

编写委员会

序

面对新时代我国实现中华民族伟大复兴中国梦的历史进程，2016 年 12 月，习近平总书记在全国高校思想政治工作会议上强调："我国高等教育发展方向要同我国发展的现实目标和未来方向紧密联系在一起，为人民服务，为中国共产党治国理政服务，为巩固和发展中国特色社会主义制度服务，为改革开放和社会主义现代化建设服务。"2018 年 9 月，习近平总书记在全国教育大会上强调，"坚持把服务中华民族伟大复兴作为教育的重要使命""培养德智体美劳全面发展的社会主义建设者和接班人"。新时代大学生是国家和民族的未来，承载着国家的希望，是实现中华民族伟大复兴中国梦的中坚力量和生力军。然而，受西方腐朽思想影响，特别是近年来，一些青少年中出现了不珍惜劳动成果、不想劳动、不会劳动的现象，劳动的独特育人价值在一定程度上被忽视，劳动教育正被淡化、弱化。对此全党全社会必须高度重视，采取有效措施切实加强劳动教育。

2020 年 3 月发布的《中共中央 国务院关于全面加强新时代大中小学劳动教育的意见》指出："劳动教育是中国特色社会主义教育制度的重要内容，直接决定社会主义建设者和接班人的劳动精神面貌、劳动价值取向和劳动技能水平。"该意见明确了新时代劳动教育的重要意义、指导思想和基本原则等。2020 年 7 月，教育部印发的《大中小学劳动教育指导纲要（试行）》指出："劳动教育是发挥劳动的育人功能，对学生进行热爱劳动、热爱劳动人民的教育活动。"该纲要主要面向学校，重点针对劳动教育是什么、教什么、怎么教等问题，细化有关要求，加强专业指导。

面对新时代高等教育的新任务和新使命，聚焦大学生劳动教育主题，高等学校须强化组织和落实好立德树人的根本任务。四川农业大学等多所高等学校的教师汇聚各方力量，联合组成教材编写委员会，共同编写《新时代大学生劳动教育理论与实践》教材，旨在全面宣传党的二十大精神和党的教育方针，落实全国教育大会精神，紧扣新时代劳动教育脉搏，呼应大学生劳动教育育人需求，把握大学生劳动教育基本规律，探索创新新时代大学生劳动教育理论与实践，对指导我国大学生开展劳动教育和助力大学生成长为德智体美劳全面发展的社会主义建设者和接班人均具有重要和深远的意义。

2023 年 8 月

前　　言

几千年来，中华民族热爱劳动、崇尚劳动、投身劳动，创造了历史悠久且灿烂的中华文明。然而近年来，一些高等学校大学生劳动观偏差，缺乏劳动精神，不愿劳动、轻视劳动并且不尊重劳动。新时代高等学校必须加强大学生劳动教育，但其开展大学生劳动教育还处于初期阶段，相关理论还不成熟，思想认识也不尽相同，相关理论教材还较为缺乏，因此亟须编著适应新时代大学生劳动教育理论的创新教材。

聚焦新时代大学生劳动教育的理论与实践，本教材有如下特点。一是对大学生劳动教育的精神宣传到位。本教材面向新时代大学生宣传贯彻落实国家劳动教育相关文件精神。二是对大学生劳动教育的理论创新性强。本教材探索创立了面向新时代大学生劳动教育的以育人理论、育人使命、育人组织、育人正观、育人实践和育人铸魂为内涵的特色育人理论。三是对大学生劳动教育的目标内涵性强。本教材旨在通过劳动教育提升新时代大学生"一正四强　铸魂六器"的内涵，即帮助大学生成长为"劳动观念正、责任与使命感强、攻坚克难意志强、勇于创新能力强、担当奉献精神强"和"胸有情怀、骨有精神、血有文化、脑有素养、心有奋斗和体有实干"的劳动者。四是对大学生劳动教育的自身问题反思强。本教材有案例导入和深入分析，引导新时代大学生结合自身进行劳动教育问题反思。五是对大学生劳动教育的特色实践活动指导性强。本教材有大学生结合专业特色参加特色劳动教育实践活动的指导，提升大学生劳动素养。六是本教材为融合丰富数字资源的新形态教材。在印制发行 5 年内，读者可扫描书中二维码，获得免费附赠的微课视频。

本教材主要向高等学校新时代大学生提供有特色的劳动教育理论，同时也向社会和大学生家长提供协同劳动教育的理论指导。本教材的出版将有利于协助高等学校开展新时代大学生劳动教育，对助力培养新时代大学生成长为德智体美劳全面发展的社会主义建设者和接班人具有重要意义。

本教材由四川农业大学和西南财经大学牵头，组织四川大学、西南交通大学、成都中医药大学、西南石油大学、西华大学、西南民族大学、西昌学院、成都医学院、川北医学院、成都师范学院、成都工业学院和贵州民族大学等 10 多所院校老师合力编写，并得到四川省教育厅领导的大力指导和帮助，在此表示深深感谢。同时也参阅了大量已有研究成果，在此向相关作者表示感谢。

由于编者水平所限，书中难免存在不足之处，恳请广大读者批评指正。

编 者

2023 年 8 月

目　录

绪　论

　　为适应新时代大学生劳动教育新要求，落实立德树人根本任务，本教材以习近平新时代中国特色社会主义思想为指导，全面宣传党的二十大精神和党的教育方针，落实全国教育大会精神和《中共中央　国务院关于全面加强新时代大中小学劳动教育的意见》，创新新时代大学生劳动教育的教育教学理论，探索实践"一正四强　铸魂六器"的劳动教育特色育人模式。

一、新时代大学生劳动教育的基本概念

　　教育部印发的《大中小学劳动教育指导纲要（试行）》指出："劳动是创造物质财富和精神财富的过程，是人类特有的基本社会实践活动。"劳动教育，是发挥劳动的育人功能，培养学生拥有正确的劳动观点、积极的劳动态度、奋进的劳动精神、良好的劳动习惯、优秀的劳动品质、全面的劳动素养，能自觉热爱劳动和劳动人民的教育活动。新时代大学生劳动教育，就是高等学校为适应国家战略发展人才培养需要，对新时代大学生所开展的劳动教育活动。

二、新时代大学生劳动教育的育人目标

　　新时代大学生劳动教育主要面向在校大学生、高等学校教师和教学管理者，其育人目标是：通过劳动教育助力新时代大学生培养，使其成长为德智体美劳全面发展的社会主义建设者和接班人。本教材的主旨如下。一是宣传好国家劳动教育文件精神。融入党的二十大精神、《中共中央　国务院关于全面加强新时代大中小学劳动教育的意见》和教育部印发的《大中小学劳动教育指导纲要（试行）》等文件精神，切实把劳动教育纳入新时代大学生人才培养的全过程，推进高等学校落实好立德树人这一根本任务。二是助力实现好大学生劳动教育育人目标。高等学校开展劳动教育，培养大学生树立正确的劳动观念，具有必备的劳动能力，培育积极的劳动精神和养成良好的劳动习惯和品质。三是创新总结好新时代大学生劳动教育特色育人模式。本教材创新构建新时代大学生"一正四强　铸魂六器"劳动教育特色育人模式，"一正"即劳动观念正，"四强"是劳动的责任与使命感强、攻坚克难意志强、勇于创新能力强、担当奉献精神强，"铸魂六

器"指在劳动过程中能践行六育,即"胸育情怀、骨育精神、血育文化、脑育素养、心育奋斗和体育实干"。四是指导示范好新时代大学生劳动教育理论与实践。本教材将创新总结的新时代大学生劳动教育理论与实践辅以微课视频或开放课程形式,向全国高等学校的大学生、教师及其管理者开放,并提供了劳动教育的深入思考和探讨交流平台。

三、本教材的理论体系

《中共中央　国务院关于全面加强新时代大中小学劳动教育的意见》指出:"实施劳动教育重点是在系统的文化知识学习之外,有目的、有计划地组织学生参加日常生活劳动、生产劳动和服务性劳动,让学生动手实践、出力流汗,接受锻炼、磨炼意志,培养学生正确劳动价值观和良好劳动品质。"

聚焦新时代大学生劳动教育,其主要理论体系由六部分组成。第一章"劳动教育·育人理论篇",总结劳动教育相关理论,如马克思主义劳动观、我国社会主义劳动教育观、我国新时代大学生劳动育人观等。第二章"劳动教育·育人使命篇",通过深入学习有关劳动教育文件精神,深刻理解劳动教育教学育人的重大意义,协同提升新时代大学生劳动教育思想认识和育人使命。第三章"劳动教育·育人组织篇",创新大学生劳动教育组织范式,助力高等学校劳动教育开设起来、高等学校教师劳动教育教学强起来,无论是高等学校教学管理者、教师还是学生,协同提高对劳动教育的重要认识和站位高度,切实组织起来,行动起来,实干起来。第四章"劳动教育·育人正观篇",摒弃劳动教育偏见,结合大学生自身成长成才过程中的劳动教育观问题,反思自身劳动观不正确或具有明显偏见之处,实现劳动教育育人正观之效。第五章"劳动教育·育人实践篇",重点结合大学生专业特色,分析大学生共性化或自身个性化的劳动观问题,树立和明确大学生自身劳动教育目标,选择共性化或个性化结合专业特色的劳动教育多元组织活动方式。第六章"劳动教育·育人铸魂篇",结合大学生育人铸魂方面的不足,聚焦大学生"铸魂六器"主题,强化大学生劳动教育,实现大学生劳动素质全面提升。

四、本教材的基本特点

一是理论创新性强。本教材创新形成了新时代大学生劳动教育的育人理论、育人使命、育人组织、育人正观、育人实践和育人铸魂的创新特色理论体系。二是育人特色性强。本教材强化立德树人,更突出强化特色育人,特别创新形成新时代大学生"一正四强 铸魂六器"劳动教育特色育人模式，具有明显的育人特色。三是实践指导性强。本教材不仅强化劳动教育的知识理论，更强化劳动教育的组织实践方式，对拟开设劳动教育课程的高等学校具有较强的实践指导性。

通过对本教材的学习，新时代大学生将领会劳动教育的理论内涵和实践魅力，培养新时代大学生更加热爱和崇尚劳动、创新投入劳动、升华劳动精神、提升劳动素养、坚持劳动奉献的精神和品质。总之，本教材将助力新时代大学生成长为德智体美劳全面发展的社会主义建设者和接班人。

学习思考题

1. 新时代大学生劳动教育有何育人目标？

2. 针对新时代大学生劳动教育，本教材理论的重点编写内容是什么？

3. 本教材创新的"一正四强 铸魂六器"大学生劳动教育特色育人模式内涵是什么？

第一章 劳动教育·育人理论篇

大学生劳动教育的基础理论是什么？大学生应该具有什么样的基本劳动观？作为社会主义国家，我国社会主义不同时期劳动教育观有何特点？新时代大学生劳动教育又有什么特点？本章主要从马克思主义劳动观、我国社会主义劳动教育观和我国新时代大学生劳动育人观三个方面，系统介绍大学生劳动教育的基础理论，阐释开展大学生劳动教育的基本认识和出发点，激励新时代大学生在学习和工作中，体认劳动光荣，做到热爱劳动和劳动人民，努力成长为德智体美劳全面发展的社会主义建设者和接班人。

第一节 马克思主义劳动观

劳动是人类特有的社会实践活动，不同时期对劳动有不同的认识，马克思不仅从哲学的角度对劳动进行研究，而且从人的存在方式、人的本质、人的生命活动中发现了劳动的本质，形成了马克思主义劳动观。在对劳动本质认识的基础上，为了改变资本主义生产关系下工人劳动异化的悲惨命运，马克思提出了将生产劳动与教育相结合的马克思劳动教育思想。

一、劳动及劳动认识

劳动是人类特有的社会实践活动，也是人类通过有目的的活动改造自然、改造人自身的过程。所谓的"劳动"有广义和狭义之分：广义的劳动，即人类认识世界、改造世界的实践活动的统称；狭义的劳动即"体力"劳动。可见，劳动是自然和社会发展的基础，是一种人类创造物质财富和精神财富的特殊实践活动。

古希腊时期，西方思想家认为劳动是低贱的。例如，亚里士多德提出，劳动是人类所有活动中最低贱的，是奴隶阶层特有的职能，专为贵族阶层的物质生活需要服务。

中世纪以后，马丁·路德提出"天职"观，把劳动与上帝联系在一起，将劳动视作是上帝的旨意，是每个人都应该积极履行的神圣"天职"。劳动的神化激发人们的劳动热情，产生了巨大的社会效应。

近代以来，劳动被认为不是卑贱的行为，而是创造财富的重要手段，甚或是人的本质的确证。随着资本主义制度的确立，劳动在生产生活中发挥着越来越重要的作用，思想家们对劳动的态度发生了根本性的转变。例如，以亚当·斯密为代表的古典政治经济学家们表示，劳动是财富的源泉，是衡量一切商品价值的尺度。黑格尔更是前所未有地将劳动概念上升到了哲学层面，认为劳动是人的本质，是人的抽象的精神活动。亚当·斯密和黑格尔等关于劳动的论述，丰富和发展了劳动的概念和内涵，使劳动获得了足够的重视，具有重要的进步意义。但是，他们并没有触碰到劳动的本质，对劳动的理解仍然是片面的。

二、马克思主义劳动观的内涵

（一）马克思主义劳动观概述

马克思认为，劳动是人的本质，是"自由的生命表现"。马克思不仅从哲学高度凝练和概括劳动概念，而且从人的存在方式、人的本质、人的生命活动来理解和把握劳动的本质，形成了马克思主义劳动观，实现了人类对劳动认知的历史性变革。

（二）马克思主义劳动观的基本观点

马克思主义劳动观的基本观点包括以下三个方面。第一，人是劳动的产物，恩格斯指出是劳动创造了人本身；不仅如此，劳动创造了人类生存所必需的全部物质条件和精神条件。马克思说："任何一个民族，如果停止劳动，不用说一年，就是几个星期，也要灭亡。"劳动是人的生命存在和全部社会活动的前提，作为生命存在的人要解决吃、穿、住的生活问题，必须从事生产劳动，通过劳动改造自然，从大自然中获取生活资料。第二，劳动是人类全部社会关系形成和发展的基础。人们在劳动过程中，一方面同自然界发生关系，另一方面在人们之间又结成了生产关系。第三，劳动是促使社会历史发展的根本推动力量。社会发展的最终决定力量不是精神、意志等，而是人的劳动实践。

学习和掌握马克思主义劳动观及其内涵，是我国社会主义劳动教育观和新时代大学生劳动育人观形成的基础。

三、马克思劳动教育思想

（一）马克思劳动教育思想的形成背景

马克思劳动教育思想源起于马克思对劳动本质的正确理解，是马克思主义理论的重要内容。但是在资本主义机器大工业条件下，劳动发生了异化，异化劳动导致工人遭受肉体的折磨和精神的摧残。为了追逐更多的剩余价值，资本家不断降低工人的工资，甚至大量雇用女工和童工。他们在恶劣的劳动条件下过度劳动，不仅丧失了对自己生活领域内全部生产的支配权，而且失去了受教育的机会和权利。针对无产阶级及其子女难以获得教育的现实困境，马克思、恩格斯在《共产党宣言》中提出："对所有儿童实行公共的和免费的教育。取消现在这种形式的儿童的工厂劳动。把教育同物质生产结合起来。"除此之外，他们还发现，在资产阶级上层的儿童中存在着只接受理论教育而不从事生产劳动的情形，他们针对这种状况给予了严厉的批判，指出资产阶级所倡导的教育是虚假的理性教育和宗派教育，它就像"空中楼阁"，严重脱离劳动实践，会导致民众成为思想迂腐、政治麻木的人，成为片面发展的人。

（二）马克思劳动教育思想的内涵

马克思指出："生产劳动和教育的早期结合是改造现代社会的最强有力的手段之一。"因为生产劳动是解放人的手段，它给每一个人提供全面发展的机会。因此，将生产劳动同教育相结合，把技术、知识运用于物质生产，不仅能够提高生产力水平，达到改造社会的效果，还能够造就全面发展的人。

马克思关于劳动教育的主要思想就是"教育与劳动的双向结合"。一方面，劳动应该与教育相结合。劳动创造了人本身，以现代科学技术为基础的生产劳动需要通过教育来为人的全面发展提供条件。另一方面，教育应该与劳动相结合。教育是促进人全面发展的重要途径，与生产劳动相脱节的教育必将导致人的片面发展。在教育与物质生产相结合的基础上，马克思提出了综合技术教育的思想，主张开设专门的技术类、职业技能类院校。综合技术教育使"教育与生产劳动相结合"，成为劳动教育的典型形式。

最终，马克思、恩格斯在吸收卢梭、莫尔等思想家关于劳动教育思想的基础上，提出了科学的劳动观，以劳动的观点分析人类历史的发展规律，研究一定生产方式下人的劳动形态，形成了丰富的劳动教育理论。马克思劳动教育思想对实现人的全面发展具有重要的指导意义。

第二节　我国社会主义劳动教育观

　　社会主义实行生产资料公有制，劳动没有贵贱尊卑之别，劳动者地位得到提升。我国作为社会主义国家历来重视劳动教育，根据不同时期社会的政治、经济、文化和教育发展状况，产生了不同的劳动教育认识，制定了与之相适应的教育方针。

一、社会主义劳动观

　　劳动观是人们在劳动过程中形成的对劳动的态度、方法和观点等。社会主义劳动观认为，劳动是社会存在和发展的先决条件，劳动是社会发展的动力，一切物质财富和精神财富都是由劳动创造的。在社会主义社会，无产阶级占主导地位，劳动人民是国家的主人。劳动光荣成为每个社会成员的共识，无产阶级的劳动观成为社会主义国家的主流劳动观，劳动只有分工不同，没有高低贵贱之分。

二、我国社会主义建设不同时期的劳动教育观

　　（一）新民主主义社会向社会主义社会过渡时期

　　"爱劳动"被列为国民五项公德之一。1949年9月，中国人民政治协商会议第一届全体会议通过的《中国人民政治协商会议共同纲领》明确规定："提倡爱祖国、爱人民、爱劳动、爱科学、爱护公共财物为中华人民共和国全体国民的公德。" 1950年5月，时任教育部副部长钱俊瑞发表《当前教育建设的方针》一文，提出教育要"为工农服务，为生产建设服务，这就是当前实行新民主主义教育的中心方针"，鼓舞民众从事劳动创造的热情和积极性，表扬和普及劳动事业中的发明和创造，组织一切原来不从事劳动生产的人们参加生产劳动并在劳动中改造自己。

　　实施教育与生产劳动相结合成为贯彻落实全面发展的教育方针的重要组成部分。1955年5月，中华人民共和国国务院召开的全国文化教育工作会议指出，提高中小学教育的质量必须贯彻全面发展的方针，注意学生的智育、德育、体育、美育，同时有步骤地实施基本生产技术教育。同年9月2日，教育部颁布《小学教学计划》，并提出实施基本生产技术教育（综合技术教育）和加强劳动教育。1958年3月，教育部在《关于1958-1959学年度中学教学计划的通知》中规定，初高中各年级增设生产劳动课，每周2小时；学生参加体力劳动的时间每学年为14～28天。随着这个教学计划的贯彻执行，各地中小学校

都把生产劳动列为正式课程，劳动技术教育在我国基础教育的历史上确立了正式的课程地位。

（二）社会主义建设探索时期

社会主义的教育方针中第一次出现"劳动者"。毛泽东根据世情、国情和教育本身发展的变化，提出了第一个社会主义性质的教育方针。1957 年 2 月，毛泽东在《关于正确处理人民内部矛盾的问题》中提出："我们的教育方针，应该使受教育者在德育、智育、体育几方面都得到发展，成为有社会主义觉悟的有文化的劳动者。"明确了"德育、智育、体育几方面都得到发展"的素质内涵。这里的"劳动者"既包括体力劳动者，又包括脑力劳动者，尤其是指既有社会主义觉悟又有文化的新型劳动者。

党中央在这个时期非常重视劳动教育。1957 年 2 月，毛泽东在《关于正确处理人民内部矛盾的问题》一文中提出："要使全体青年们懂得，我们的国家现在还是一个很穷的国家，并且不可能在短时间内根本改变这种状态，全靠青年和全体人民在几十年时间内，团结奋斗，用自己的双手创造出一个富强的国家。""社会主义制度的建立给我们开辟了一条到达理想境界的道路，而理想境界的实现还要靠我们的辛勤劳动。"当时"劳动教育"不仅频繁出现在各部门的报告、通知等文件中，而且针对中小学教育的不同阶段的具体情况颁布了差异化的劳动教育方案。

（三）20 世纪改革开放时期

1. 始终重视"教育与生产劳动相结合"

党的十一届三中全会以后，党中央对教育方针进行了多次调整，但重视人的全面发展、重视劳动教育的思想没有变，劳动教育始终是教育方针政策的重要内容之一。这个时期的教育方针强调"两个必须"、"三个面向"和"四有"。"两个必须"是指教育必须为社会主义建设服务，社会主义建设必须依靠教育。"三个面向"是指1983年10月邓小平为北京景山学校的题词："教育要面向现代化、面向世界、面向未来。""四有"是指有理想、有道德、有文化、有纪律。

2. 将"教育与生产劳动相结合"规范化

1993 年 2 月，中共中央、国务院印发的《中国教育改革和发展纲要》明确提出："教育必须为社会主义现代化建设服务，必须与生产劳动相结合，培养德、智、体全面发展的建设者和接班人。"该纲要从多方面进行了明确：一是提出教育必须为谁服务、与谁结合、培养什么人才。二是拓宽人才规定的范围，由"建设者"拓展为"建设者和接班人"，更加符合这一时期社会对人才的需求。三是更加突出劳动教育在新时期的重要性。

3. 将"教育与生产劳动相结合"法制化

1995 年颁布的《中华人民共和国教育法》规定："教育必须为社会主义现代化建设服务，必须与生产劳动相结合，培养德、智、体等方面全面发展的社会主义事业的建设者和接班人。"该教育法是中国教育史上第一次将教育方针立法化，也是第一次将"教育与生产劳动相结合"法制化。

4. 实施素质教育

1999 年 6 月颁布的《中共中央　国务院关于深化教育改革全面推进素质教育的决定》提出："实施素质教育，就是全面贯彻党的教育方针，以提高国民素质为根本宗旨，以培养学生的创新精神和实践能力为重点，造就'有理想、有道德、有文化、有纪律'的德智体美等全面发展的社会主义事业建设者和接班人。"这时的教育方针虽然没有明确把"劳动教育"列入其中，但是"劳动教育"是蕴含在"等"里作为全面发展人的理论和一项素质，为后来我国实施全面素质教育，把德智体美劳有机统一于教育活动奠定了理论基础。

（四）进入 21 世纪新时期

1. 将"教育与生产劳动和社会实践相结合"法制化

党的十六大报告把"教育与生产劳动相结合"发展为"教育与生产劳动和社会实践相结合"。2015 年修正的《中华人民共和国教育法》进一步明确："教育必须为社会主义现代化建设服务、为人民服务，必须与生产劳动和社会实践相结合，培养德、智、体、美等方面全面发展的社会主义建设者和接班人。"这是以法律形式规定了"建设者和接班人"的人才素质结构，也是以国家意志形式将"劳动教育"蕴含在社会主义教育中。

2. 将"教育与人才强国相结合"国家战略化

2018 年 9 月，习近平总书记在全国教育大会上发表重要讲话，强调"培养德智体美劳全面发展的社会主义建设者和接班人"，将劳育明确列入德智体美劳全面发展培养人的综合素质中，强化了大学生劳动教育的重要意义。党的二十大报告指出："坚持党管人才原则，坚持尊重劳动、尊重知识、尊重人才、尊重创造，实施更加积极、更加开放、更加有效的人才政策，引导广大人才爱党报国、敬业奉献、服务人民。""统筹推动文明培育、文明实践、文明创建，推进城乡精神文明建设融合发展，在全社会弘扬劳动精神、奋斗精神、奉献精神、创造精神、勤俭节约精神，培育时代新风新貌。"其中坚持尊重劳动，在全社会弘扬劳动精神等内涵都是强化劳动教育、实施人才强国的国家战略举措。

总之，社会主义劳动教育在我国不同时期虽表述有所不同，但社会主义劳动教育观的核心内容"尊重劳动，弘扬劳动精神，热爱劳动和劳动人民"始终在不断丰富和发展，并为人们所坚持。在我国，无论处于何种发展时期，劳动教育都贯彻始终。新时代高等教育要服务国家建设和战略发展，新时代的大学生要在学习和工作中体认劳动光荣，做到热爱劳动和劳动人民，努力成长为德智体美劳全面发展的社会主义建设者和接班人。

第三节　新时代大学生劳动育人观

随着时代的发展和社会的进步，劳动环境、劳动形式和劳动需求等发生了根本变化，呈现出复杂多元化、信息智能化等特点。社会发展对教育提出了更高的要求，也对劳动者的能力素质尤其是创新能力提出了新的更高的要求。劳动教育是人才培养的重要组成内容。进入新时代，以习近平同志为核心的党中央十分重视劳动教育的育人功能。习近平总书记针对当前社会发展的新问题，坚持新时代立德树人的重要使命，多次发表劳动、劳动教育等相关内容讲话，丰富和发展了马克思主义劳动观，赋予了劳动教育新的教育意义和时代内涵，形成了新时代劳动教育观，创新探索了新时代大学生劳动育人观。

一、新时代我国劳动教育观

（一）劳动教育概述

劳动教育与德育、智育、体育、美育并列，是全面培养的教育体系的重要组成部分。劳动教育通过各种形式的劳动促进人的发展，其目标侧重强调劳动教育活动的内容和方法，其实施主体主要是教育者，如学校、教师、家庭等。

（二）新时代我国劳动教育观内涵

2020 年 7 月，教育部印发的《大中小学劳动教育指导纲要（试行）》，从国家战略层面高度肯定劳动教育的时代价值，明确提出："劳动教育是新时代党对教育的新要求，是中国特色社会主义教育制度的重要内容，是全面发展教育体系的重要组成部分，是大中小学必须开展的教育活动。"通过劳动教育，学生能够理解和形成马克思主义劳动观，"领会'幸福是奋斗出来的'内涵与意义，继承中华民族勤俭节约、敬业奉献的优良传统，弘扬开拓创新、砥砺奋进的时代精神。""能够自觉自愿、认真负责、安全规范、坚持不懈地参与劳动，形成诚实守信、吃苦耐劳的品质。珍惜劳动成果，养成良好的消费习惯，杜绝浪费。"新时代劳动教育观以育人为导向，"培养什么人、怎样培养人、为谁培养人"是教育的根本问题，也是指导新时代劳动教育育人的核心问题。

党的十九大以来，习近平总书记多次发表有关劳动教育的重要论述，为劳动教育把脉开方，要求将劳动教育纳入党的教育方针。2018年9月，习近平总书记在全国教育大会上发表重要讲话，指出："要努力构建德智体美劳全面培养的教育体系，形成更高水平的人才培养体系。"强调："培养德智体美劳全面发展的社会主义建设者和接班人，加快推进教育现代化、建设教育强国、办好人民满意的教育"。党的二十大报告再次强调："办好人民满意的教育。""全面贯彻党的教育方针，落实立德树人根本任务，培养德智体美劳全面发展的社会主义建设者和接班人""坚持以人民为中心发展教育，加快建设高质量教育体系，发展素质教育，促进教育公平。"

2020年3月，《中共中央 国务院关于全面加强新时代大中小学劳动教育的意见》把育人导向作为劳动教育的首要原则，强调劳动教育是国民教育体系不可缺少的重要内容，是学生成长的必要途径。该意见要求"把劳动教育纳入人才培养全过程，贯通大中小学各学段，贯穿家庭、学校、社会各方面，与德育、智育、体育、美育相融合""实施劳动教育重点是在系统的文化知识学习之外，有目的、有计划地组织学生参加日常生活劳动、生产劳动和服务性劳动，让学生动手实践、出力流汗，接受锻炼、磨炼意志，培养学生正确劳动价值观和良好劳动品质"，使学生具备满足生存发展需要的基本劳动能力，形成良好的劳动习惯。

（三）新时代我国劳动教育育人价值观

一是劳以树德。人的品德需要通过实践磨炼，劳动能够促使劳动者在人与自然、人与人的社会生活和社会交往之中，学会尊重他人和他人的劳动，正确处理好个人与他人、个人与集体、个人与社会之间的关系，把自己培养成适应社会实践和社会发展需要的有德之人。

二是劳以增智。劳动是智慧之源。毛泽东指出："人的正确思想，只能从社会实践中来，只能从社会的生产斗争、阶级斗争和科学实验这三项实践中来。"只有将获得的知识与生产劳动相结合，才能将知识转化成能力，提高创造力。

三是劳以强体。人作为劳动主体参与劳动时不仅可以达到强身健体的效果，而且还能够锻炼意志。艰苦的环境可以磨炼坚强的意志品质，坚强的意志品质也离不开强健的体魄来支撑，劳动必须将脑力劳动和体力劳动高度结合、均衡发展。

四是劳以育美。人在劳动过程中不断改变自己的精神世界，塑造自我形成和展示出来的劳动美。人们在劳动过程中不仅可以创造美，而且还能够体验和理解劳动的美，从而真正做到尊重劳动、尊重劳动人民、尊重劳动成果，真正懂得劳动美和劳动中映射出来的人的美和人的尊严。

二、新时代劳动育人观的创新变化

（一）劳动育人概述

劳动育人通过各种形式的劳动促进人的发展，是指通过积极策划、引导、组织、激励人们参与不同形式的劳动，包括日常生活劳动、生产劳动和服务性劳动等，使人们树立正确的劳动价值观和劳动精神，培育积极的劳动情感和态度，养成良好的劳动品德以及劳动品质，提升劳动技能和创新能力，形成持久的劳动习惯和实践过程。劳动育人侧重强调劳动的育人价值。实施主体不仅包括他人施加的教育，还包括自我教育、自我提高。所属范畴是人才培养体系的重要组成部分。

（二）新时代大学生劳动育人模式

以新时代教育精神为指导，落实立德树人根本任务，坚持马克思主义劳动观，丰富社会主义劳动观，落实新时代劳动教育观，培养大学生更敢于劳动、更热爱劳动、更能坚持创新劳动、更能组织团队劳动，更能承担劳动中的大事、解决劳动中的难事，创新发展新时代大学生"一正四强 铸魂六器"劳动教育特色育人模式。"一正"即劳动观念正，"四强"指劳动育人坚持培养大学生责任与使命感强、攻坚克难意志强、勇于创新能力强、担当奉献精神强，"铸魂六器"指劳动育人过程中形象比喻培养大学生"六器有魂"即胸育情怀、骨育精神、血育文化、脑育素养、心育奋斗和体育实干。以新时代特色劳动育人模式实现大学生劳动育人目标，培养大学生树立正确的劳动观念、具有必备的劳动能力、培育积极的劳动精神、养成良好的劳动习惯和品质，助力将新时代大学生培养成德智体美劳全面发展的社会主义建设者和接班人。

三、创新我国新时代大学生劳动育人的重点内容

新时代大学生劳动育人观，聚焦新时代大学生劳动育人理论创新和实践创新，重点

和系统总结了育人理论、育人使命、育人组织、育人正观、育人实践和育人铸魂六个方面，为新时代大学生劳动教育的创新开展提供了理论思考和实践指导。创新思考新时代大学生劳动育人观，是组织开展好大学生劳动教育的理论基础。大学生应该深刻体会到，新时代社会发展对劳动者的能力素质尤其是创新能力提出了新的更高要求。新时代高等教育要服务国家建设和战略发展，新时代的大学生要在学习和工作中，创新和践行新时代大学生劳动育人观，这对助力其成长为德智体美劳全面发展的社会主义建设者和接班人，具有十分重要的指导意义。

学习思考题

1. 马克思主义劳动观的内涵是什么？
2. 马克思劳动教育思想的内涵是什么？
3. 我国社会主义劳动观的核心内容是什么？
4. 我国新时代大学生秉承的劳动育人观有哪些？

第二章 劳动教育·育人使命篇

《大中小学劳动教育指导纲要（试行）》指出："劳动教育是新时代党对教育的新要求，是中国特色社会主义教育制度的重要内容，是全面发展教育体系的重要组成部分，是大中小学必须开展的教育活动。"本章聚焦劳动教育与育人使命主题，从我国高等教育、高等学校和大学生三个层面，深刻阐释创新组织和开展大学生劳动教育，落实立德树人根本任务，助力培养大学生成长为德智体美劳全面发展的社会主义建设者和接班人，对服务我国强国建设和中华民族伟大复兴历史使命具有重大战略意义。

第一节 劳动教育与我国高等教育使命

在中国特色社会主义新时代背景下，高等教育肩负着为现代化强国建设提供强大的人才支持和智力支撑的伟大历史使命。聚焦劳动教育与高等教育育人使命主题，本节重点阐释我国高等教育的伟大育人使命、劳动教育成为我国高等教育制度重要内容和劳动教育助力高等教育实现教育强国伟大育人使命。

一、高等教育的伟大育人使命

（一）教育的育人使命

2023 年 6 月，习近平总书记在北京育英学校考察时指出："教育的根本任务是立德树人，培养德智体美劳全面发展的社会主义建设者和接班人。"习近平总书记重申中国特色社会主义教育为党育才、为国育人的艰巨责任与崇高使命，为加快建设教育强国指明了正确道路，提供了根本遵循。马克思也曾指出："物质生活的生产方式制约着整个社会生活、政治生活和精神生活的过程。不是人们的意识决定人们的存在，相反，是人们的社会存在决定人们的意识。"教育是在特定生产关系下产生的，不同的社会历史和社会制度决定着不同的教育目的、教育方针、教育方向。

（二）我国高等教育伟大育人使命

当前，我国正处在实现中华民族伟大复兴中国梦的历史进程中，高等教育肩负着前所未有的伟大育人使命。2018 年 9 月,习近平总书记在全国教育大会上指出:"坚持把服务中华民族伟大复兴作为教育的重要使命。"教育肩负着培养社会主义建设者和接班人的重大任务,肩负着"为人民服务、为中国共产党治国理政服务、为巩固和发展中国特色社会主义制度服务、为改革开放和社会主义现代化建设服务"的伟大育人使命。

二、劳动教育成为我国高等教育制度重要内容

(一)劳动教育是新时代加强我国高等教育强国建设的迫切需要

当前世界正处在百年未有之大变局,我国比历史上任何时期都更加接近和更有能力实现中华民族伟大复兴的目标。中华民族伟大复兴是基于全面建成社会主义现代化强国的前提,这需要全国人民通过辛勤劳动,在岗位上不懈奋斗才能实现,是没有捷径可循的。高等教育培养的大学生承载着时代希望,高等教育培养的大学生是时代的晴雨表,是实现中华民族伟大复兴中国梦的有力后盾。但近年来,各类社会思潮不断涌入高等学校,致使一些辨别能力较弱、身心不成熟的大学生受到错误思潮的影响,对劳动持反感态度,不愿意劳动、轻视劳动。综上所述,有必要在高等教育领域,特别是广大青年大学生中开展劳动教育,培育他们艰苦奋斗与拼搏创新的劳动精神,引导他们将个人小我与时代使命有机地统一起来,在追求个人青春理想过程中实现人生社会价值。

(二)劳动教育是中国特色社会主义教育制度的重要内容

2020 年 3 月发布的《中共中央　国务院关于全面加强新时代大中小学劳动教育的意见》指出:"劳动教育是中国特色社会主义教育制度的重要内容,直接决定社会主义建设者和接班人的劳动精神面貌、劳动价值取向和劳动技能水平。"该意见还指出:"劳动教育是国民教育体系的重要内容,是学生成长的必要途径,具有树德、增智、强体、育美的综合育人价值。"新时代,劳动教育作为丰富高等学校教育内容的重要载体,有助于高等学校在现实背景下不断探索具有中国特色的社会主义教育模式,促进大学生在树立正确劳动观的前提下形成正确的世界观、人生观和价值观,自觉成为为实现中华民族伟大复兴而不懈奋斗的劳动群众中的一员。因此,在新时代高等教育中实施劳动教育意义重大。

(三)劳动教育是构建德智体美劳全面培养的教育体系的重要内容

劳动教育作为德智体美劳"五育"中的重要内容,长期以来并没有在高等教育中受

到重视，开展劳动教育的具体路径狭窄且缺乏相关课程建设。在新的历史要求与现实要求下，需要加强对劳动教育的重视，完善相关制度，这有利于高等教育补齐人才培养短板，为提升人才培养质量奠定基础。

"五育"不仅具有体系性，也具有相互独立性。劳动教育不仅有自身的独立性，同时也是与"德智体美""四育"并列的基础性教育。因此，劳动教育不是孤立存在的，而是和德育、智育、体育、美育互相交织、有机联系形成促进人的全面发展的现代人才培养体系。由此可见，将劳动教育与德、智、体、美教育并列，既是对劳动教育本身的有效加强，也是对德智体美教育的有力支撑。劳动教育既是完善人才培养目标，支持德、智、体、美教育的重要平台；也是中国特色高等教育的显著特点，是"扎根中国大地办大学"的本质要求。

新时代高等教育要努力构建德智体美劳全面培养的教育体系，形成更高水平的人才培养体系，而劳动教育是构建全面教育体系不可或缺的一环。苏霍姆林斯基认为，离开劳动，不可能有真正的教育，劳动教育应该渗透于一切学校教育之中。新时代高等学校人才体系中加上劳动教育，可以培养大学生的劳动认知和劳动精神，是对人才体系的进一步优化和丰富，增强了人才培养的全面性。

三、劳动教育助力高等教育实现教育强国伟大育人使命

（一）劳动教育助力高等教育实现"服务中华民族伟大复兴"的重要使命

劳动教育是高等教育助力实现中华民族伟大复兴的题中之义。中华民族的伟大梦想不可能自动实现。梦想再美丽，机会再繁多，如果没有辛勤奋斗，一切都是徒劳的，梦想到实现之间隔着"奋斗"的距离。建成富强民主文明和谐美丽的社会主义现代化强国，从根本上要靠劳动者的辛勤劳动，以劳动托起中国梦，进行伟大斗争、建设伟大工程、推进伟大事业、实现伟大梦想。

随着我国经济增长方式的转变，实现中华民族伟大复兴，实现中国制造强国，建设知识型、技能型、创新型劳动者大军，高度重视劳动教育是富国强民的大事，具有更加迫切的现实意义和历史意义。

（二）劳动教育助力高等教育实现"培养社会主义建设者和接班人"的重大使命

新时代强化劳动教育，有利于高等教育组织落实好立德树人根本任务，有利于培养大学生德智体美劳全面发展。劳动教育是促进大学生德智体美劳全面发展的必要条件，

劳动教育是大学生成长的必要途径，能有效促进大学生提高道德修养、增长智慧才干、增强身体素质、提高审美趣味，从而促进大学生德智体美劳全面发展。

劳动教育具有树德、增智、强体、育美的综合育人价值。大学生通过劳动实践潜移默化地接受道德教育，通过身体的实际体验树立正确的道德观，形成正确的道德判断，做出正确的道德行为，此为树德；通过劳动实践透过事物的现象抓住其本质，获得正确的认识，收获人生智慧，增强认知能力，此为增智；通过劳动实践增强自身的体魄，发挥主观能动性，提高动手操作能力，体验实践出真知的乐趣，此为强体；通过劳动实践在劳动中感悟美、发现美、鉴赏美、创造美，增强对美好事物的直观感受，形成对"美"的评价尺度和标准，从而塑造自身独特的审美观，此为育美。

（三）劳动教育助力高等教育实现"四个服务"的伟大育人使命

我国高等教育肩负"四个服务"（即"为人民服务、为中国共产党治国理政服务、为巩固和发展中国特色社会主义制度服务、为改革开放和社会主义现代化建设服务"）的伟大育人使命。2004 年 9 月，中国共产党第十六届中央委员会第四次全体会议通过的《中共中央关于加强党的执政能力建设的决定》指出："全面贯彻尊重劳动、尊重知识、尊重人才、尊重创造的方针，不断增强全社会的创造活力。" 党的二十大报告指出："坚持党管人才原则，坚持尊重劳动、尊重知识、尊重人才、尊重创造，实施更加积极、更加开放、更加有效的人才政策，引导广大人才爱党报国、敬业奉献、服务人民。"上述两个文件均将尊重劳动排在"四个尊重"之首，显示出劳动的基础作用。因此，高等教育培养大学生形成劳动价值观、理念、认知、技术水平以及提高劳动者的劳动素养，是劳动教育结合新时代发展所形成的时代内涵。只有通过劳动教育才能培养德智体美劳全面发展的社会主义建设者和接班人，才能助力高等教育实现"四个服务"的伟大育人使命。

第二节　劳动教育与我国高等学校使命

劳动教育是高等学校落实立德树人根本任务的重要内容。聚焦劳动教育与高等学校育人使命主题，本节重点阐释高等学校的育人使命、为什么高等学校将劳动教育纳入教学重要内容、劳动教育助力高等学校实现其育人使命。引起高等学校和高等学校教师重视和组织落实好大学生劳动教育、助力高等学校落实好立德树人根本任务的育人使命，对培养大学生成为我国德智体美劳全面发展的社会主义建设者和接班人具有重大意义。

一、高等学校的育人使命

（一）高等学校承担落实立德树人根本任务的神圣使命

党的十八大以来，习近平总书记着眼于中华民族千秋伟业的战略视角，围绕"培养什么人、怎样培养人、为谁培养人"这一根本问题做出了一系列重要论述，明确指出，"高校立身之本在于立德树人"。我国高等学校不仅具有传播知识、思想引领、解疑答惑的功能，还担负着塑造灵魂、塑造生命、塑造人才的重任。立德树人以"树人"为核心，以"立德"为根本，深刻揭示了高等学校教育的本质规律和人才培养的必然要求。高等学校引导大学生以德正身、以德养性、以德明志、以德践行，立德树人始终是教育发展的根本任务和神圣使命。高等教育肩负起培养堪当时代重任的社会主义建设者和接班人的重大使命。

（二）高等学校坚守"为党育人、为国育才"的初心使命

我国是中国共产党领导的社会主义国家，党对教育的领导是办好教育的根本保证，高等学校必须牢固树立"立校为党、办学为国"的教育理念，把培养德智体美劳全面发展的社会主义建设者和接班人作为根本任务，重点构建高等学校德智体美劳全面培养的教学育人体系，健全立德树人机制，培养一代又一代拥护中国共产党领导和我国社会主义制度、立志为中国特色社会主义事业奋斗终身的有用人才，为实现中华民族伟大复兴的中国梦提供人才支撑。

（三）高等学校承载培养大学生成长成才的光荣使命

培养大学生德智体美劳全面发展，成长为社会主义的建设者和接班人，是高等学校承载的光荣使命。大学生是时代进步的引领者，大学生的志向关系到国家的兴衰，大学生的能力关系到国家的强弱。新时代需要大学生成为有能力、有魄力的人才。培养大学生，不仅是培养其具有扎实的专业知识，还必须培养其成长为劳动观念正、责任使命感强、攻坚克难意志强、劳动创新能力强和担当奉献精神强的时代新人。

二、为什么高等学校将劳动教育纳入教学重要内容

2018 年 9 月，习近平总书记在全国教育大会上强调："要努力构建德智体美劳全面培养的教育体系，形成更高水平的人才培养体系。"劳动教育是构建全面教育体系不可或缺的一环。2020 年 7 月，教育部印发的《大中小学劳动教育指导纲要（试行）》也

对劳动教育的重要性和必要性提出了明确要求，劳动教育是新时代高等学校又一重要的育人路径。

（一）劳动教育是高等学校落实立德树人根本任务的育人路径之一

高等学校落实立德树人的课程育人路径有很多，如思政课育人、专业课的课程思政育人等，劳动教育作为大学教育的重要内容，具有实践性强、理论意义深远的特点，在劳动实践中能够锻炼大学生的动手创造能力，加深对劳动的认识理解，在理论学习中学习新的劳动知识和技能，培养正确的劳动价值观，因此，劳动教育有助于促进高等学校落实立德树人根本任务。

（二）劳动教育是高等学校"为党育人、为国育才"的育人路径之一

高等学校坚守"为党育人、为国育才"的初心使命，劳动教育是其实现目标的根本路径之一。"为党育人、为国育才"是培养有劳动精神、劳动创新和劳动奉献的人，高等学校开展劳动教育，可以为大学生提供理论联系实际的渠道，让他们能够在理论与实践的双向互动中增长才干和锤炼意志，不断提升自身的综合竞争力，实现人才全面发展。

（三）劳动教育是高等学校培养大学生成长成才的育人路径之一

高等学校开展劳动教育是培养造就德智体美劳全面发展人才的必要条件，也是基本途径和有效途径。依托劳动教育，能带动德、智、体、美的发展，有利于学生全面发展，符合时代发展的要求。依托劳动教育，可以实现"树德、增智、强体、育美"的目标。

三、劳动教育助力高等学校实现其育人使命

（一）劳动教育助力高等学校落实好立德树人根本任务

劳动教育不停留于掌握劳动技能层面，而是以塑造学生人格、完善学生品德、培养价值观念为目标，它既是"立德"的重要内容，也是"立德"的必要途径。通过劳动教育，助力高等学校落实立德树人根本任务，让大学生深刻认识到，中华民族伟大复兴的中国梦不仅是国家和民族的梦想，也是每一个现实的个体的大学生的热切期盼。中国梦的实现是个人的梦想实现的前提，同时个人追求能助力中国梦的实现。大学生在正确认识二者辩证统一的关系后，会自觉把自己的个人理想融入国家理想中，坚信"功成不必在我，功成必定有我"，发挥只争朝夕的奋斗精神，在劳动中发现广阔的天地，用自己

的勤奋劳动、诚实劳动、创造性劳动成就一番事业，实现自身价值，同时也为实现国家富强、民族振兴、人民幸福的中国梦贡献自己的力量。

（二）劳动教育助力高等学校"为党育人、为国育才"

通过劳动教育，助力高等学校"为党育人、为国育才"，让大学生深刻认识到，中国共产党自成立以来，始终坚持依靠工农阶级，领导广大人民，取得了辉煌的历史功绩和令人瞩目的成就，现在站在"两个一百年"奋斗目标的历史交汇点，唯有通过辛勤劳动，才能更好地实现中华民族伟大复兴的中国梦。中国梦的实现，不能够走捷径，也没有捷径可走，勤劳的中国人民仍将依靠劳动和劳动教育，实现中华民族伟大复兴的光荣梦想。大学生在认识和领会正确的发展观过程中，不断提升自我，努力为国家的建设发展做贡献。

（三）劳动教育助力高等学校培养大学生成长成才

劳动教育可以助力高等学校培养大学生成长成才。高等学校开展劳动教育，不仅能使学生树立正确的劳动观和劳动态度，培养劳动技能，热爱劳动，养成劳动习惯；而且通过劳动教育平台，能有效达成素质教育目标，促进学生全面发展；还能倡导劳动最光荣的价值观念，培养学生的劳动认知和劳动精神，增强人才培养的全面性，助力大学生成长为有责任担当的社会主义建设者和接班人。

第三节　劳动教育与我国大学生使命

劳动教育是大中小学学生必须进行的教育活动。本节聚焦劳动教育与大学生使命主题，重点阐释我国大学生肩负新时代伟大历史使命、劳动教育是培养新时代大学生的重要育人路径、劳动教育助力大学生成长成才。引导我国大学生重视劳动教育，通过劳动教育学习和积极实践，助力大学生成为我国德智体美劳全面发展的社会主义建设者和接班人。

一、我国大学生肩负新时代伟大历史使命

不同的时代有不同的责任与历史使命。新时代大学生处在一个继往开来的历史时期，是在中国改革开放新时期成长起来的，肩负着祖国和人民更多的期望，承担着伟大历史使命。

（一）肩负我国社会主义建设的历史使命

我国社会主义建设不同时期，有不同的历史使命：社会主义建设初期，承担着巩固发展和建设社会主义新世界的历史使命；改革开放和社会主义现代化建设新时期，承担着完成我国温饱到小康的历史使命；中国特色社会主义进入新时代，承担着在中华大地上全面建成小康社会、实现国家富强和人民幸福的伟大历史使命。无论处于何种时期，大学生都是我国社会主义建设的重要生力军和主力军，肩负着我国社会主义建设的伟大历史使命。

（二）肩负中国特色社会主义强国建设的历史使命

中国特色社会主义进入新时代，实现国富民强和人民幸福的历史使命需加快我国科技强国、交通强国、航天强国、文化强国建设等。立足新时代新征程，中国青年及大学生的奋斗目标和前行方向归结到一点，就是坚定不移听党话、跟党走，努力成长为推进强国建设重任的时代新人。2022年4月，习近平总书记在中国人民大学考察调研时指出："希望广大青年用脚步丈量祖国大地，用眼睛发现中国精神，用耳朵倾听人民呼声，用内心感应时代脉搏，把对祖国血浓于水、与人民同呼吸共命运的情感贯穿学业全过程、融汇在事业追求中。"新时代大学生应切实肩负起实现我国强国建设的历史使命。

（三）肩负中华民族伟大复兴的历史使命

复兴中华是近代以来中国先进分子的共同理想，是中国优秀知识青年的强烈愿望。2013年5月，习近平在同各界优秀青年代表座谈时指山："近代以来，我国青年不懈追求的美好梦想，始终与振兴中华的历史进程紧密相联。""中华民族伟大复兴终将在广大青年的接力奋斗中变为现实。"2019年4月，习近平总书记在纪念五四运动100周年大会上指出："实践充分证明，中国青年是有远大理想抱负的青年！中国青年是有深厚家国情怀的青年！中国青年是有伟大创造力的青年！无论过去、现在还是未来，中国青年始终是实现中华民族伟大复兴的先锋力量！"新时代大学生作为中华民族伟大复兴进程的亲历者和建设者，应始终牢记落后就要挨打的历史教训，努力学习科学文化知识，勇于开拓创新，掌握过硬本领，牢记2022年4月习近平总书记在考察中国人民大学时强调的"广大青年要做社会主义核心价值观的坚定信仰者、积极传播者、模范践行者，向英雄学习、向前辈学习、向榜样学习，争做堪当民族复兴重任的时代新人，在实现中华民族伟大复兴的时代洪流中踔厉奋发、勇毅前进。"，脚踏实地地辛勤劳动，刻苦钻研练就真本领，勇敢地开创中国特色社会主义事业新局面。在实现中华民族伟大复兴的时代洪流中踔厉奋发、勇毅前进，努力成长为堪当民族复兴重任的时代新人，切实肩负起实现中华民族伟大复兴的历史使命。

二、劳动教育是培养新时代大学生的重要育人路径

（一）劳动教育是培养新时代大学生担负使命的基础路径

培养新时代大学生的育人路径已有很多，如课程育人、实践育人、文化育人等，但不管哪种育人路径，都离不开劳动教育这一基础路径，究其原因有以下三点。一是任何路径都需要劳动路径进行支撑。无论大学生接受何种教育活动，本质上都需要通过劳动才能体会更深。如果对大学生的培养缺失劳动教育，没有使大学生养成热爱劳动的习惯或劳动观不正确，那么大学生就不能实现其所担负的使命。二是任何路径都需要培养大学生热爱与尊重劳动。对大学生的培养，首先是培养大学生热爱尊重劳动、树立正确劳动观和提升劳动素养等。三是新时代大学生更需要强化劳动教育。此前大学生劳动教育并未受到应有的重视，新时代大学生难以完成肩负的伟大历史使命，强化大学生劳动教育是时代之需。

（二）劳动教育是育正新时代大学生"三观"的关键路径

大学生正处在二十岁上下的成长阶段，是世界观、人生观、价值观等"三观"形成的关键期，而劳动观与"三观"紧密相连，是"三观"的重要内容。抓住大学生接受高等教育的关键阶段开展劳动教育，对大学生健康成长不可或缺。帮助他们树立正确的劳动观念，将"崇尚劳动、尊重劳动"内化为精神境界，为今后在工作和生活中"辛勤劳动、诚实劳动、创造性劳动"打好坚实基础。然而大学生能否成为合格的社会主义建设者和接班人仍然打着问号，这一群体中普遍存在的现象还很令人忧心。例如：在思想层面，劳动意识淡薄，劳动态度不够端正，追求安逸享乐，厌恶诚实劳动，认为读大学只是学习知识，不重视劳动实践，狭隘地理解大学教育的培养目标；在行动层面严重存在不同程度缺位，内心不热爱劳动，不积极参加劳动，不尊重劳动成果，不尊重劳动人民，甚至轻视和鄙夷体力劳动者等。造成这些现象的重要原因是近年来"唯智育至上"在高等教育办学理念中不同程度地存在，劳动教育在人才培养工作中有不同程度的缺位。

三、劳动教育助力大学生成长成才

通过劳动教育，培养新时代大学生具有 "劳动观念正、责任与使命感强、攻坚克难意志强、勇于创新能力强、担当奉献精神强" "胸有情怀、骨有精神、血有文化、脑有素养、心有奋斗、体有实干" 等劳动素养，将新时代大学生培养为我国强国建设的重要生力军、德智体美劳全面发展的社会主义建设者和接班人，担负民族复兴重任的时代新人。

（一）劳动教育助力大学生成长为有劳动品质的人

大学生劳动教育应顺应社会发展趋势，帮助大学生"树立正确的劳动观念、具有必备的劳动能力、培育积极的劳动精神和养成良好的劳动习惯和品质"。新时代大学生劳动教育应能引导新时代大学生努力学习科学文化知识，教育大学生坚定理想信念、培育劳动情怀，自觉把大学生人生理想、家庭幸福融入国家富强、民族复兴的伟业之中，建构大学生个人与集体、个人梦想与中国梦融合统一的发展共同体和命运共同体，为实现伟大复兴中国梦和造福全人类奉献智慧和力量，助力大学生成长为有劳动品质的人。

（二）劳动教育能助力大学生成长为尊崇劳动价值理念的人

劳动教育能培养新时代大学生树立尊崇劳动价值理念，做到尊重劳动、崇尚劳动、尊敬劳动者。一是能引导大学生尊重和保护一切有益于人民和社会的劳动，体认劳动不分贵贱。我国社会主义社会的劳动虽有分工，但不论是体力劳动、简单劳动、传统劳动，抑或是脑力劳动、复杂劳动、智慧劳动，都是社会和人民需要的劳动，应该得到承认和尊重。二是能引导大学生树立"劳动最光荣、劳动最崇高、劳动最伟大、劳动最美丽"的劳动观念，体会劳动创造美好生活。面对生活中部分好逸恶劳、幻想暴富的大学生，引导其亲历劳动过程，使其明白只有通过辛勤的劳动，才能创造幸福的生活。三是引导大学生要尊重普通的劳动者，无论在任何时候面对任何人都不能看不起普通劳动者，要增强对劳动人民的感情。虽然社会分工不同，但是一切从事社会主义建设事业的自食其力的劳动者都值得尊敬。引导大学生尊重劳动者、敬爱劳动者，向劳动人民学习，从劳动群众中汲取智慧和力量。

（三）劳动教育能助力大学生成长为有创新劳动能力的人

随着社会的发展和分工的不断精细化，社会对大学生能力的要求也越来越专业，对大学生创新创造能力的要求不断提高，劳动教育能助力大学生提高自主劳动能力、智慧劳动能力、创新劳动能力。一是劳动教育能助力大学生提高自主劳动能力。在劳动中大学生需要发挥主观能动性，面对问题和困难需要自我调节、主动做出决策才能顺利完成劳动过程。二是劳动教育能助力大学生提高智慧劳动能力。在新时代背景下，信息技术、网络云平台、人工智能等应用在生活的各个方面，对劳动提出了更高的科技要求，大学生具有很强的可塑能力，更能接受新鲜事物，也更容易掌握新的科学技术，能更好地应用于劳动过程。三是劳动教育能助力大学生提高创新劳动能力。劳动本身就是一个创造的过程，在劳动中充满了未知性和不确定性，大学生只有不断发挥想象力、创造力以及行动力，才能更好地从事劳动，在劳动中收获果实和成长，进而提升创新能力。

（四）劳动教育能助力大学生成长为有劳动素质的人

劳动教育能培养新时代大学生甘于奉献、勇于奋斗、刻苦敬业、团结协作等劳动精神以及勤俭节约、诚实守法等劳动素养。劳动是人类智力发展的重要来源，在劳动活动中能有效促进大脑的发展，加强大学生对理论知识和劳动本质的认识，明白劳动的不易和挑战性，塑造勇于奋斗的劳动精神。劳动的过程往往需要人与人之间以及人与工具之间的互相协作，在这一过程中能帮助大学生培养团队合作的精神，体会到团队的力量。2019年4月，习近平总书记在纪念五四运动100周年大会上发表重要讲话，指出："在实现中华民族伟大复兴的新征程上，必然会有艰巨繁重的任务，必然会有艰难险阻甚至惊涛骇浪，特别需要我们发扬艰苦奋斗精神。"劳动教育就是要以劳动为载体，帮助大学生经历艰难险阻，感受获得成果的艰辛历程，养成不怕吃苦、敢于奋斗的习惯。同时，在不劳而获的反面劳动案例中传递诚实守信的重要性，明白不合法、不诚信、不守道德底线的劳动是无法得到认可和成功的，只有诚信劳动、脚踏实地才能收获内心的满足和最后的成果。

学习思考题

1. 对新时代大学生的劳动教育承载哪些光荣使命？

2. 为什么劳动教育能助力高等教育实现其伟大育人使命？

3. 为什么劳动教育能助力新时代大学生成长成才？

4. 结合当前岗位职责反思自己的责任感是否增强。

5. 结合未来岗位职责反思自己的使命感是否增强。

6. 结合学习工作实践反思自己攻坚克难意志是否增强。

7. 结合学习工作实践反思自己劳动创新能力是否增强。

8. 结合学习工作实践反思自己担当奉献精神是否增强。

第三章　劳动教育·育人组织篇

高等学校作为大学生劳动教育的育人主体，该怎样对大学生的劳动教育进行有效组织，成为大学生劳动教育开展能否取得成效的关键。本章从不同视角对组织开展好大学生劳动教育进行深入思考，特别是从学习领会国家劳动教育精神、明晰开展劳动教育现存问题、强化高等学校劳动教育组织、协同开展家庭社会劳动教育、劳动教育创新方式基本思考、大学生劳动素养创新评价等方面进行阐述。高等学校对大学生劳动教育的高度重视和加强统筹组织，是开展好大学生劳动教育的根本保障，对培养我国社会主义建设者和接班人具有重要战略意义。

第一节　学习领会国家劳动教育精神

2020 年 3 月发布了《中共中央　国务院关于全面加强新时代大中小学劳动教育的意见》；2020 年 7 月教育部印发了《大中小学劳动教育指导纲要（试行）》。该意见和纲要对高等学校和大学生深入学习领会国家劳动教育精神，积极组织开展好大学生劳动教育育人工作具有十分重要的意义。

一、劳动教育指导思想

劳动教育的指导思想是："以习近平新时代中国特色社会主义思想为指导，全面贯彻党的教育方针，落实全国教育大会精神，坚持立德树人，坚持培育和践行社会主义核心价值观，把劳动教育纳入人才培养全过程，贯通大中小学各学段，贯穿家庭、学校、社会各方面，与德育、智育、体育、美育相融合，紧密结合经济社会发展变化和学生生活实际，积极探索具有中国特色的劳动教育模式，创新体制机制，注重教育实效，实现知行合一，促进学生形成正确的世界观、人生观、价值观。"

怎样才能更好地理解劳动教育重要指导思想及其丰富内涵？建议从劳动教育的思想、路径和目标等层面理解。思想层面内涵是"一指导、两贯彻、两坚持"，即以习近平新时代中国特色社会主义思想为指导，全面贯彻党的教育方针，贯彻全国教育大会精神，坚持立德树人，坚持培育和践行社会主义核心价值观。路径层面内涵是"一纳入、两贯通、两相合"，即把劳动教育纳入人才培养全过程，贯通大中小学各学段，贯通家庭、学校、社会各方面，与德育、智育、体育、美育相融合，与经济社会发展变化和学生生活实际紧密结合。目标层面内涵是"探索、创新、实现和促进"。积极探索具有中国特色的劳动教育模式，创新体制机制，注重教育实效，实现知行合一，促进学生形成正确的世界观、人生观、价值观。

二、劳动教育总体目标

《中共中央　国务院关于全面加强新时代大中小学劳动教育的意见》明确指出，劳动教育总体目标是："通过劳动教育，使学生能够理解和形成马克思主义劳动观，牢固树立劳动最光荣、劳动最崇高、劳动最伟大、劳动最美丽的观念；体会劳动创造美好生活，体认劳动不分贵贱，热爱劳动，尊重普通劳动者，培养勤俭、奋斗、创新、奉献的劳动精神；具备满足生存发展需要的基本劳动能力，形成良好劳动习惯。"

然而，怎样才能更好地理解大学生劳动教育总体目标及其内涵？概括而言，大学生劳动教育总体目标的核心内涵是培养大学生"正观有能、培神养品"，即"树立正确的劳动观念、具有必备的劳动能力、培育积极的劳动精神和养成良好的劳动习惯和品质"。

随后，教育部印发了《大中小学劳动教育指导纲要（试行）》，对劳动教育总体目标进行丰富解析，进一步细化明确指出劳动教育的总体目标。

准确把握社会主义建设者和接班人的劳动精神面貌、劳动价值取向和劳动技能水平的培养要求，全面提高学生劳动素养，使学生：

树立正确的劳动观念。正确理解劳动是人类发展和社会进步的根本力量，认识劳动创造人、劳动创造价值、创造财富、创造美好生活的道理，尊重劳动，尊重普通劳动者，牢固树立劳动最光荣、劳动最崇高、劳动最伟大、劳动最美丽的思想观念。

具有必备的劳动能力。掌握基本的劳动知识和技能，正确使用常见劳动工具，增强体力、智力和创造力，具备完成一定劳动任务所需要的设计、操作能力及团队合作能力。

培育积极的劳动精神。领会"幸福是奋斗出来的"内涵与意义，继承中华民族勤俭节约、敬业奉献的优良传统，弘扬开拓创新、砥砺奋进的时代精神。

养成良好的劳动习惯和品质。能够自觉自愿、认真负责、安全规范、坚持不懈地参与劳动，形成诚实守信、吃苦耐劳的品质。珍惜劳动成果，养成良好的消费习惯，杜绝浪费。

三、劳动教育基本理念

组织大学生劳动教育秉承的劳动教育基本理念是什么？《大中小学劳动教育指导纲要（试行）》中明确提出劳动教育的基本理念。

1. 强化劳动观念，弘扬劳动精神。将劳动观念和劳动精神教育贯穿人才培养全过程，贯穿家庭、学校、社会各方面。注重让学生在学习和掌握基本劳动知识技能的过程中，领悟劳动的意义价值，形成勤俭、奋斗、创新、奉献的劳动精神。

2. 强调身心参与，注重手脑并用。把握劳动教育的根本特征，让学生面对真实的个人生活、生产和社会性服务任务情境，亲历实际的劳动过程，善于观察思考，注重运用所学知识解决实际问题，提高劳动质量和效率。

3. 继承优良传统，彰显时代特征。在充分发挥传统劳动、传统工艺项目育人功能的同时，紧跟科技发展和产业变革，准确把握新时代劳动工具、劳动技术、劳动形态的新变化，创新劳动教育内容、途径、方式，增强劳动教育的时代性。

4. 发挥主体作用，激发创新创造。关注学生劳动过程中的体验和感悟，引导学生感受劳动的艰辛和收获的快乐，增强获得感、成就感、荣誉感。鼓励学生在学习和借鉴他人丰富经验、技艺的基础上，尝试新方法、探索新技术，打破僵化思维方式，推陈出新。

上述劳动教育基本理念，应该说是从多维度提出的，从强化劳动观念到弘扬劳动精神层面，从身心参与到手脑并用的劳动方式层面，从继承优良传统到彰显时代特征的劳动内容层面，从教育主体到激发创新创造的目标重点层面等，劳动教育理念为组织开展好大学生劳动教育提供了思想上和理论上的指导。

四、劳动教育基本原则

组织开展大学生劳动教育，应该遵循什么样的劳动教育基本原则？《中共中央 国务院关于全面加强新时代大中小学劳动教育的意见》中明确提出劳动教育的五个"基本原则"。

——把握育人导向。坚持党的领导，围绕培养担当民族复兴大任的时代新人，着力提升学生综合素质，促进学生全面发展、健康成长。把准劳动教育价值取向，引导学生树立正确的劳动观，崇尚劳动、尊重劳动，增强对劳动人民的感情，报效国家，奉献社会。

——遵循教育规律。符合学生年龄特点，以体力劳动为主，注意手脑并用、安全适度，强化实践体验，让学生亲历劳动过程，提升育人实效性。

——体现时代特征。适应科技发展和产业变革，针对劳动新形态，注重新兴技术支撑和社会服务新变化。深化产教融合，改进劳动教育方式。强化诚实合法劳动意识，培养科学精神，提高创造性劳动能力。

——强化综合实施。加强政府统筹，拓宽劳动教育途径，整合家庭、学校、社会各方面力量。家庭劳动教育要日常化，学校劳动教育要规范化，社会劳动教育要多样化，形成协同育人格局。

——坚持因地制宜。根据各地区和学校实际，结合当地在自然、经济、文化等方面条件，充分挖掘行业企业、职业院校等可利用资源，宜工则工、宜农则农，采取多种方式开展劳动教育，避免"一刀切"。

分析劳动教育的五个"基本原则"，其核心内涵实际是聚焦劳动教育开展、把握劳动教育关键，从五个视角为组织开展好劳动教育指明了方向：一是坚持目标原则，把握育人导向。二是坚持教育原则，遵循教育规律。三是坚持时代原则，体现时代特征。四是坚持路径原则，强化综合实施。五是结合实际原则，坚持因地制宜。坚持劳动教育的五个"基本原则"，创新协同开展大学生劳动教育，具有重要的现实意义。

第二节　明晰开展劳动教育现存问题

组织好大学生劳动教育，是一项综合、系统且具有创新性的教学工程。高等学校作为大学生劳动教育的主体，组织好适合自身定位的劳动教育，以问题为导向，关键是明晰开展劳动教育过程中存在的问题。分析高等学校开展劳动教育的育人现状，大学生劳动教育质量总体还不高，问题有很多。从开展大学生劳动教育的组织层面分析，其存在的突出问题具体如下。

一、高等学校方面

（一）学校方面

一是部分高等学校对劳动教育重视还不太够。一些高等学校对大学生劳动教育的重要性认识还不到位，对大学生劳动教育精神贯彻落实还不够。

二是部分高等学校对劳动教育教学组织还不到位。部分高等学校还没有将劳动教育纳入专业人才培养方案，有的还没有开设劳动教育课程，更没有配套的政策保障制度等。有的虽已开设劳动教育课程，但实际上是为完成任务简单开设成劳动课程。部分高等学校对劳动教育教师组织培训不够。

三是部分高等学校还缺乏劳动教育系统理论指导。一些高等学校即使高度重视劳动教育，也因缺乏大学生劳动教育的系统理论指导，劳动教育课程实际未能实现育人目标。

四是部分高等学校劳动教育理论实践协同还不够。部分高等学校劳动教育只重视理论教学或实践教学，出现劳动教育劳而未育或只教不劳的现象，二者协同不够。

五是部分高等学校尚缺乏劳动教育创新模式。结合高等学校自身人才培养定位，部分高等学校劳动教育教学组织创新模式还很不够，一定程度上影响了大学生的劳动教育学习。

（二）教师方面

一是大部分高等学校劳动教育师资短缺。劳动教育课程面向所有大学生，所需要师资人员较多，但大部分高等学校较为缺乏专门的劳动教育师资。二是部分高等学校教师对劳动教育重视不够。有些高等学校虽开设劳动教育课程，但其劳动教育授课教师对其重视程度不够，甚至认为开设劳动教育课程是没有必要的。三是部分高等学校教师的劳动教育理论水平不高。没有深刻理解为什么对大学生进行劳动教育、对大学生进行劳动教育要育什么、该怎样组织开展大学生劳动教育。组织开展好大学生劳动教育，需要有理论水平较高的授课教师。四是部分高等学校教师对劳动教育课程教学组织创新不够。例如，授课教师对大学生劳动教育课程的理论课授课方式组织创新不够、实践课组织创新不够、课程教学评价创新不够等。

（三）学生方面

一是部分大学生对劳动教育重要性认识不够，认为劳动教育应是中小学开设，而大学没有必要开设的课程，甚至认为大学开设劳动教育课程是多余的。二是部分大学生对劳动教育参与的积极性不高。即使有些高等学校开设了劳动教育课程，也有不少大学生是被动应付参加的。三是部分大学生对劳动教育理论学习不够。部分高等学校的大学生，可能因劳动教育课程仅开设成劳动课程，所以对劳动教育的理论学习不够。四是部分大学生劳动教育与自身成长结合不够。部分大学生在劳动教育实践活动中，没有或者很少结合自身成长需要，以致劳动教育形同虚设。五是部分大学生对劳动教育反思不够。在劳动教育实践活动中，部分大学生未能真正进行劳动教育反思，特别是未能反思其成长成才的不足与问题，影响其劳动素养提升。

【案例3.1】没把劳动教育课当成正式课程来上的大学生

某大学生有如下感悟："在我们班有很大一部分同学对劳动教育这门课根本不上心，不少同学有这样的想法，劳动就是劳动，我们每天都在劳动，这课还有什么可教的。因此这些同学想来就来，想不来就不来，很随意，不仅如此，上课时也就当听一般的PPT汇报一样，完全没有上课的状态。"

二、家庭社会方面

开展大学生劳动教育是一项系统的工程，家庭和社会也是重要的协同育人主体，需要加强组织协同才能开展好大学生劳动教育工作。

（一）家庭方面

对大学生的劳动教育，家庭负有主要责任。如果一个大学生仅在大学组织接受劳动教育，回到家庭以后，没有坚持践行劳动教育，那么大学开展的劳动教育就没有实际意义了。实际上，不少大学生的家庭劳动教育存在诸多问题，具体如下。一是不少家庭缺乏开展大学生劳动教育的理念意识，甚至是拥有错误的教育理念，如较为片面或单一的成才观或溺爱子女等。这些家长不能辩证地认识学习与劳动的关系，容易主观地划分出壁垒森严的"学习主要、劳动次之"的行为界限，致使家庭劳动教育让位于大学生的专业学习。二是部分家长劳动教育观念和社会价值导向偏离。如有些大学生的家长其自身的劳动观就不正确，部分家长对待人生的价值取向更多趋向个人功名利禄的得失，追求自我的成功与享受是其价值观念的核心所在，导致其劳动教育观念认识上的片面性和社会价值导向期望的不合理性。三是部分大学生家庭重智轻劳、扭曲劳动观念。部分大学生家长对家庭劳动的认识和理解缺乏正确的定位，导致大学生对家庭劳动或自理性劳动持消极抵触态度，劳动缺乏主动性，是应付和被动的。四是部分大学生家长剥夺孩子的劳动权利。有些大学生家长挫伤孩子的劳动兴趣，忽视其独立生活能力或劳动习惯的培养。父母忽视对子女的劳动教育，孩子的劳动量少，未掌握一定的劳动技能，缺乏生活自理或动手操作能力。五是部分大学生家庭忽视对孩子家庭劳动教育的督促或引导。部分大学生家长片面追求孩子学习成绩，缺乏科学有效的劳动教育指导，不能长期坚持对大学生家庭劳动的督促或引导。

【案例3.2】受家庭宠爱、劳动缺失的大学生

某大学生写道："平时在家的时候，爸爸妈妈都把我当宝贝一样地照顾着，这不让做，那不让干，说好好学习就行。外婆更是对我宠爱备至，在我学习的时候时不时到房间里端茶递水，送点小点心、坚果、水果之类的。就连水果都是剥好皮，切成小块，插上牙签，生怕我饿了、渴了、冷了。家长对家务活更是大包大揽，别说洗碗煮饭，就是扫地拖地的活我也是插不上手。我基本上过着'衣来伸手，饭来张口'的日子，坐享其成惯了，导致自己劳动价值观缺失，劳动观念淡薄。"

【案例3.3】缺少家庭劳动教育的大学生

某大学生写道："我们很多都是独生子女，从小到大几乎没有做过家务，父母不愿孩子做家务，认为学习是第一要务，其他任何事情都应该为学习'让道'，导致许多大学生缺乏独立生活的能力……我从小到大都被要求好好学习，家人从不让我操心家务，少有机会真正深入劳动实践，哪怕接受劳动教育也多为理论知识。"

【案例3.4】不帮父母做家务的大学生与不教育孩子劳动的父母

某大学生写道："放寒暑假回家，自己在家中不仅不帮助父母分担家务，反而让父母为自己做这做那，而父母也不教育我要学会劳动，认为孩子只需要搞好自己的学习即可，对孩子的这种做法不予管教，任劳任怨地为孩子做事。"

【案例3.5】生活不能自理被学校劝退的大学生

小刘同学，××大学2020级学生，从小家庭重智轻劳，忽视独立生活能力和劳动习惯的培养，扭曲劳动观念，剥夺了他的劳动权利，虽然最终考上××大学，但因生活不能自理，被学校劝退。

【案例3.6】只重视孩子的学习，忽视劳动教育的家长

一些家长轻视孩子的劳动教育，认为劳动是负担，不让孩子劳动，认为家务劳动等耽误孩子的学习时间。

【案例 3.7】学业压力下家庭对孩子的劳动教育弱化

一位大学生说："有很多学生，就比如我，虽然学校开通了劳动教育的课程，丰富了我们的理论知识，让我们知道了劳动的重要性，但是当放假回到家时，父母只会叫我学习，而学习之余没有在家劳动，导致劳动教育与家庭协同不够。"

（二）社会方面

对大学生的劳动教育，社会也负有主要责任。我国大学生的劳动教育存在的社会方面问题主要有以下四个。

一是积极参与大学生劳动教育的社会认识还未形成。很多人认为大学生劳动教育是高等学校的职责，与社会企业、事业和政府服务部门无关或关系不大。其实这是错误的认识，大学生的劳动教育是高等学校、家庭和社会的共同责任。

二是充分利用社会劳动教育的资源还不够。例如，社会相关行业专业人士担任劳动教育指导教师数量不足；又如，各级政府部门协调和引导企业、工厂、农场等组织履行社会责任不够。

三是社会能提供的大学生劳动教育开放实践场所还不够。社会支持高等学校组织大学生参加力所能及的生产劳动、参与新型服务性劳动，为大学生提供开放实践场所不够。例如，部分高新企业为大学生体验现代科技条件下劳动实践新形态、新方式提供的支持不够。

四是社会能提供的大学生劳动教育必要保障还不够。"工会、共青团、妇联等群团组织以及各类公益基金会、社会福利组织要组织动员相关力量、搭建活动平台，共同支持学生深入城乡社区、福利院和公共场所等参加志愿服务，开展公益劳动，参与社区治理。"

第三节　强化高等学校劳动教育组织

高等学校作为大学生劳动教育的主战场，要发挥好大学生劳动教育的主导作用，切实承担大学生劳动教育主体责任。本节重点阐述高等学校确立劳动教育特色的育人目标、高等学校理清开展大学生劳动教育的基本思路、高等学校强化大学生劳动教育的组织实施等内容。

一、高等学校确立劳动教育特色育人目标

我国高等学校有综合类、农科类、工科类、文科类、理科类、医学类和教育类等不同优势特色，聚焦实现我国劳动教育总体目标，高等学校应结合自身定位和办学特色，创新确立各高等学校特色劳动教育。不同高等学校特色劳动教育，其共性育人目标就是通过开展大学生劳动教育，助力培养符合新时代国家战略发展需要、德智体美劳全面发展的社会主义建设者和接班人。其特色育人目标就是针对高等学校办学特色，培养高等学校大学生增强责任与使命感、育正劳动观、育人铸魂、全面提升大学生劳动素养和精神，服务我国行业发展繁荣，助力高等学校落实立德树人根本任务，做强我国高等教育、助力国家强国建设、实现中华民族伟大复兴。

二、高等学校厘清开展大学生劳动教育的基本思路

高等学校坚持以习近平新时代中国特色社会主义思想为指导，以马克思主义劳动观、社会主义劳动观和新时代中国特色社会主义劳动观为指导，切实承担大学生劳动教育主体责任、落实立德树人根本任务。高等学校开展劳动教育的基本思路具体如下：一是深刻认识高等学校开展大学生劳动教育重大意义。二是结合高等学校定位，确立符合其自身特色的大学生劳动教育方式。三是整体规划高等学校大学生劳动教育，制定体现自身特色的大学生劳动教育实施方案。四是开设高等学校劳动教育必修课程，强化高等学校劳动教育组织实施。五是组建开展大学生劳动教育的优秀师资团队，建强劳动教育文化认同、理念认同的劳动教育教学团队。六是强化高等学校、家庭和社会协同育人组织。

三、高等学校强化大学生劳动教育的组织实施

（一）高等学校整体规划大学生劳动教育

高等学校是劳动教育的实施主体，须结合学校自身实际情况，整体设计、系统规划，形成高等学校劳动教育总体实施方案，明确大学生劳动教育目标内容、课时安排、活动安排、过程组织与考核评价办法等。

高等学校在劳动教育规划时要注意处理以下几个方面的关系。

1. 理论学习和实践锻炼的关系

大学生劳动教育理论学习重在让学生理解和掌握"劳动创造了人本身"、"劳动创

造世界"、育正劳动观和劳动铸魂等基本理论主张等。实践锻炼重在将理论知识转化为实际本领，养成良好的劳动习惯，弘扬劳动精神。规划劳动教育要二者兼顾，以实践锻炼为主，保证大学生都能参加实践锻炼，不能只在课堂上讲劳动，在口头上喊劳动。

2. 劳动教育与其他教育活动的关系

高等学校开设劳动教育必修课程，须将日常生活劳动教育贯穿大学生学习生活和管理实践，同时也可以通过专业实习、实训、创新创业等实践环节，加强生产劳动和服务性劳动的组织落实。

3. 劳动教育的传统形态与新形态的关系

高等学校要注重结合产业新业态、劳动新形态，选择现代农业、工业、服务业项目，组织安排好大学生生产劳动和服务性劳动，切实提升大学生创造性劳动能力。

（二）高等学校开设劳动教育必修课程

1. 独立开设劳动教育必修课程

高等学校开设劳动教育必修课程，系统加强劳动教育。将劳动教育纳入学校人才培养方案，形成适合学校特色的劳动教育课程体系。一是可专门开设不少于 32 学时的劳动专题教育必修课程；二是可明确劳动教育主要依托课程，结合学科、专业特点，有机融入劳动教育内容；三是可采取灵活多样形式科学设计课内外劳动项目；四是可采用集中与分散相结合的方式开展劳动实践。

2. 确定劳动教育内容要求

根据高等学校教育目标和培养人才类型特点，开展大学生劳动教育以日常生活劳动、生产劳动和服务性劳动为主。一是结合产业新业态、劳动新形态，注重选择新型的劳动实践活动。二是结合学科和专业积极开展实习实训、专业服务、社会实践、勤工助学等，注重选择创新创业型的劳动实践活动。二是结合新知识、新技术、新工艺、新方法应用，重视选择创造性解决实际问题的劳动实践活动。

3. 设立劳动周（月）

高等学校可在已有课程中专设劳动教育模块，每学年可设立"劳动周（月）"，组织学生走向社会，以校外劳动锻炼为主；也可在学年内或寒暑假自主安排，以集体劳动为主，集中落实各学年"劳动周（月）"要求。

（三）高等学校加强劳动育人组织建设

1. 高等学校明确实施机构和人员

高等学校须建立健全大学生"劳动教育组织实施的工作机制。明确主管校领导，设置机构或明确相关部门负责劳动教育的规划设计、组织协调、资源整合、师资培训、过程管理、总结评价等"。

2. 高等学校要多举措建立专兼职相结合的劳动教育教师队伍

根据学校劳动教育需要，要做好以下两方面。一是"加强劳动教育师资培养，有条件的师范院校开设劳动教育相关专业"。二是建设劳动教育理论教师团队和实践教师团队，配备必要的大学生劳动教育专任教师，保持教师队伍的相对稳定性。三是创新"设立劳模工作室、技能大师工作室、荣誉教师岗位等，聘请相关行业专业人士担任劳动实践指导教师"。四是要充分发挥教职员工各方面的力量，特别是班主任、辅导员、导师的作用，利用少先队、共青团、党组织以及学生社团等各方面的力量，合力开展劳动教育实践活动。

3. 加强高等学校劳动教育育人团队培训

"把劳动教育纳入教师培训内容，开展全员培训"，包括劳动教育理念培训、教育内容培训、教育组织培训和教学考核培训等，"强化每位教师的劳动意识、劳动观念，提升实施劳动教育的自觉性，对承担劳动教育课程的教师进行专项培训，提高劳动教育专业化水平"。

4. 构建高等学校劳动教育育人文化

高等学校劳动教育育人文化包括劳动教育协同育人文化、劳动教育理论创新文化和劳动教育特色实践文化等，以文化认同凝聚和激发团队教学育人活力。

5. 长期抓实劳动教育育人教学档案建设

劳动教育育人教学档案建设包括组织教师制定劳动教育育人大纲、撰写劳动教育育人教案和劳动教育教学案例总结等。

第四节　协同开展家庭社会劳动教育

开展大学生劳动教育，是一项系统综合的教育工程，除高等学校承担主体责任之外，还须协同家庭和社会共同组织开展，多渠道引入社会力量，建立多方协同、共同管理的大学生劳动教育实施机制。

一、家庭协同发挥对大学生劳动教育的基础作用

与学校劳动教育、社会劳动教育相结合，家庭协同发挥了对大学生劳动教育的基础作用。一是营造良好的家庭劳动教育氛围。家庭树立崇尚劳动的良好家风，抓住衣食住行等生活中的劳动实践机会，鼓励大学生自己动手、自觉参与，能坚持不懈投身于劳动。二是转变家长错误的教育观念。家长须通过日常生活的言传身教、潜移默化，让大学生养成热爱劳动的好习惯。三是家庭积极进行引导。提高大学生家庭劳动兴趣，培养大学生正确的劳动观念。大学生参加家务劳动和掌握生活技能的情况可按年度记入大学生劳动教育档案。四是注意劳动教育技巧。给予大学生劳动权利；鼓励大学生掌握洗衣、做饭等必要的家务劳动技能，每年有针对性地学会一至两项生活技能。五是家长学会正确爱子女的方式。家长要鼓励支持子女在家庭中热爱劳动、坚持劳动和服务家庭劳动。

二、社会发挥在大学生劳动教育中的支持作用

大学生劳动教育要充分利用社会各方面资源，为劳动教育提供必要保障。一是"各级政府部门要积极协调和引导企业公司、工厂农场等组织履行社会责任，开放实践场所，支持学校组织学生参加力所能及的生产劳动、参与新型服务性劳动，使学生与普通劳动者一起经历劳动过程"。二是"鼓励高新企业为学生体验现代科技条件下劳动实践新形态、新方式提供支持"。三是"工会、共青团、妇联等群团组织以及各类公益基金会、社会福利组织要动员相关力量、搭建活动平台，共同支持学生深入城乡社区、福利院和公共场所等参加志愿服务，开展公益劳动，参与社区治理"。四是"充分利用家长及当地人力资源，聘请相关行业专业人士担任劳动实践指导教师"。

第五节 劳动教育创新方式基本思考

高等学校应坚持"学生中心""落实立德树人""强化劳动教育"等育人理念，探索劳动教育育人路径，创新劳动教育方式。高等学校开展大学生劳动教育，由于每所高等学校人才培养定位不同，育人目标不同，育人方式亦不相同，因此高等学校开展劳动教育的育人方式是多样的和个性化的。但是无论是哪一种方式，创新开展好大学生劳动教育，均应思考好如下基本要素。

一、传统教学方式远不能适应劳动教育新要求

（一）传统单一授课模式

部分高等学校的劳动教育课程开设仍然是传统单一的授课模式。例如，课程设置 2 学分，32 学时课程教学，由授课教师全部只讲授理论或全部组织劳动实践，课终组织学生考试或考查，并进行成绩评定等。

（二）改革简单组合模式

部分高等学校的劳动教育课程开设虽有简单改革，但实质上仍然是传统授课方式。如课程设置 2 学分，32 学时课程教学；由授课老师组织理论课程（如 8 学时）与实践课程混合式教学（如 24 学时），课终组织学生考试或考查，并进行成绩评定等。

大学生的劳动教育绝不仅是进行简单的授课，而是集理论指导、问题梳理、劳动检验、反思提升于一体的特殊劳动教育过程。以上两种传统授课方式均不能适应新时代大学生劳动教育的新要求。

二、突出"协同融合"的新时代劳动教育

（一）突出劳动教育基础结合

高等学校开展新时代大学生劳动教育，关键是要结合好自身的特色优势基础。一是结合自身专业特色和优势开设劳动教育课程；二是结合其建设教学基地开设劳动教育课程；三是结合其自身优势师资开设劳动教育课程；四是结合其育人目标导向开设劳动教育课程；五是结合其特色育人方式开设劳动教育课程；七是结合其育人问题导向开设劳动教育课程。

（二）突出劳动教育要素协同

高等学校开展新时代大学生劳动教育，关键是要协同好其劳动教育资源要素。一是突出理论教学与实践教学协同开设劳动教育课程；二是突出高等学校、家庭与社会协同开设劳动教育课程；三是突出校内外教师协同开设劳动教育课程；四是突出教学方式线上线下协同开设劳动教育课程；五是突出校际、校企和校地部门协同开设劳动教育课程。

（三）突出劳动教育内容融合

高等学校开展新时代大学生劳动教育，关键是要融合好其劳动教育内容。一是大学生劳动教育理论与实践活动融合；二是大学生劳动教育目标与成长融合；三是大学生劳动责任使命与劳动精神融合；四是大学生劳动教育正观与劳动素养提升融合；五是大学生成长问题反思与劳动教育过程实践融合；六是大学生劳动实践与育人铸魂相融合。

（四）突出劳动教育方式联合

新时代大学生劳动教育在突出基础结合、要素协同和内容融合的基础上，还需要多维方式联合开展。总之，不同高等学校，不同定位，不同育人目标，都有适合自身劳动育人的最适路径。

一般来讲，单一方式或组合方式，创新性低，劳动教育育人成效不高，而多元结合方式、协同方式、融合方式，特别是联合方式的应用，劳动教育创新性强，育人成效会更好，因此，高等学校应根据自身基础和特点，创新构建适合自身的劳动教育育人模式。

三、"协同融合"是创新劳动教育的关键

（一）创新新时代大学生劳动教育特色理论

新时代大学生劳动教育的特色理论是开展好劳动教育的关键基础。没有理论指导的大学生劳动教育，极有可能开设成为大学生劳动活动，不能实现其教育目标，实际效果很可能是大学生感受劳而未教。因此，创新适合其自身特色的劳动教育理论是高等学校探索实施好大学生劳动教育的关键，创新适合其自身特色的劳动教育理论。

（二）聚焦自身反思大学生劳动教育问题

高等学校开展劳动教育课程，目标是使大学生劳动素养得到提升，核心是使大学生在劳动教育过程中能有效进行反思和总结。大学生应结合自身实际，反思自身存在的制约个人成长的劳动素养关键问题是什么，只有关键问题厘清了，才能有针对关键问题的核心措施，只有这样，劳动教育开展才有可能真正做好。

（三）选择具有针对性的劳动教育实践活动

高等学校开展劳动教育课程，关键是在劳动教育理论的指导下，结合大学生成长过程的劳动素养关键问题，选择具有针对性的劳动教育活动进行实践，如是大学生共性问

题，可尽量选择组织集体活动开展劳动教育，如是大学生个性问题，可指导大学生采取特色劳动进行开展。

第六节　大学生劳动素养的创新评价

开展新时代大学生劳动教育，大学生劳动素养提升效果如何？如何进行大学生劳动素养的评价？大学生劳动素养评价有何观测指标？这些问题都值得大学生劳动教育参与者尤其是大学生深入思考。特别值得注意的是，要深刻理解大学生的劳动教育不是简单地参加劳动活动，其内涵是通过开设劳动教育课程实现对大学生劳动教育的目标。大学生既有劳动教育理论收获，更有劳动教育精神提振。因此，本节对新时代大学生劳动素养提升提出如下评价思考。

一、大学生劳动素养评价指导思想与实现方式

以《中共中央　国务院关于全面加强新时代大中小学劳动教育的意见》为指导，以大学生劳动教育参与者和育人重点内容为观测点，以大学生劳动素养提升为目标，构建大学生劳动素养评价体系。

（一）指导思想

《中共中央　国务院关于全面加强新时代大中小学劳动教育的意见》指出："健全劳动素养评价制度。将劳动素养纳入学生综合素质评价体系，制定评价标准，建立激励机制，组织开展劳动技能和劳动成果展示、劳动竞赛等活动，全面客观记录课内外劳动过程和结果，加强实际劳动技能和价值体认情况的考核。建立公示、审核制度，确保记录真实可靠。把劳动素养评价结果作为衡量学生全面发展情况的重要内容，作为评优评先的重要参考和毕业依据，作为高一级学校录取的重要参考或依据。"

（二）实现方式

《大中小学劳动教育指导纲要（试行）》指出：

将劳动素养纳入学生综合素质评价体系。以劳动教育目标、内容要求为依据，将过程性评价和结果性评价结合起来，健全和完善学生劳动素养评价标准、程序和方法，鼓励、支持各地利用大数据、云平台、物联网等现代信息技术手段，开展劳动教育过程监

测与记实评价，发挥评价的育人导向和反馈改进功能。

1. 平时表现评价

要在平时劳动教育实践活动中及时进行评价，以评价促进学生发展。要覆盖各类型劳动教育活动，明确学年劳动实践类型、次数、时间等考核要求。关注学生在劳动教育活动中的实际表现，注重从行为表现中分析把握劳动观念形成情况。以自我评价为主，辅以教师、同伴、家长、服务对象、用人单位等他评方式，指导学生进行反思改进。要指导学生如实记录劳动教育活动情况，收集整理相关制品、作品等，选择代表性的写实记录，纳入综合素质档案，作为学生学年评优评先的重要参考。

2. 学段综合评价

学段结束时，要依据学段目标和内容，结合综合素质档案分析，兼顾必修课学习和课外劳动实践，对劳动观念、劳动能力、劳动精神、劳动习惯和品质等劳动素养发展状况进行综合评定。建立诚信机制，实行写实记录抽查制度，对弄虚作假者在评优评先方面一票否决，性质严重的应依法依规严肃处理。在高中和大学开展志愿者星级认证。高中学校和高等学校要将考核结果作为毕业依据之一。推动将学段综合评价结果作为学生升学、就业的重要参考。

3. 开展学生劳动素养监测

将学生劳动素养监测纳入基础教育质量监测、职业院校教学质量评估和普通高等学校本科教学质量评估。可委托有关专业机构，定期组织开展关于学生劳动素养状况调查，注重学生劳动观念、劳动能力、劳动精神、劳动习惯和品质等的监测。发挥监测结果的示范引导、反馈改进等功能。

二、构建大学生劳动素养评价的学生观测指标体系

大学生开展劳动素养评价主要有自我评价、第三方评价、督查评价等多种方式。其中，大学生素养评价应以自我评价为主，结合其他评价构成评价体系。评价的学生观测指标体系包括以下两个方面。

（一）大学生劳动素养总体评价

大学生劳动素养总体评价是，通过劳动教育是否能助力大学生，培养其成长为担负强国建设和中华民族伟大复兴重任的社会主义建设者和接班人。具体内涵是培养的大学生是否具有"一正四强 铸魂六器"的劳动基本素养。

（二）大学生劳动素养分项评价

1. 劳动素养提升评价

一是大学生劳动教育精神评价。通过劳动教育，评价大学生能否做好本职劳动，评价大学生劳动责任与使命感、攻坚克难意志、勇于创新能力和担当奉献精神能否协同增强。二是大学生劳动观育正评价。通过劳动教育，评价大学生能否拥有正确劳动观。大学生能否尊重劳动、热爱劳动、崇尚劳动、投入劳动；大学生能否具有劳动平等观、创新劳动观、创业劳动观、团队劳动观、劳动安全观、劳动诚实观、劳动纪律观和劳动奉献观等。三是大学生劳动教育铸魂评价。通过劳动教育，评价大学生能否拥有"胸有情怀、骨有精神、血有文化、脑有素养、心有奋斗和体有实干"等劳动素养。

2. 劳动教育过程评价

大学生劳动教育应重过程评价，如劳动教育方案评价、劳动教育理论提升评价、劳动教育活动参加评价、劳动教育活动组织评价、劳动教育档案记录评价等，通过参加劳动教育，真正实现自我劳动素养的提升。

3. 聚焦成长问题评价

大学生在劳动教育过程中，能否主动聚焦分析自身成长问题，并针对问题选择适当劳动教育方式参加劳动教育，是大学生劳动素养提升评价的重要观测指标。

三、构建大学生劳动素养评价的组织观测指标体系

一般来说，大学生劳动素养的提升与高等学校、家庭、社会组织对劳动教育的重视程度有密切关系，因此大学生的劳动素养提升可通过如下组织观测体系来评价。

（一）评价高等学校对大学生劳动教育的教学组织情况

一是评价高等学校对劳动教育的重视程度。主要评价高等学校对劳动教育的重要性认识是否到位，是否制定有劳动教育实施方案。二是评价高等学校对劳动教育教师培训情况。主要评价高等学校对劳动教育教师是否组织培训，培训什么内容。三是评价高等学校劳动教育理论指导性。主要评价高等学校开展大学生劳动教育有无系统理论指导，如高等学校劳动教育理论是什么，育人目标是什么，育人方式是什么。四是评价高等学校劳动教育特色创新模式。主要评价高等学校开展大学生劳动教育，有无符合自身实际的特色模式创新。

（二）评价高等学校劳动教育教师对大学生劳动教育的教学组织情况

一是评价高等学校劳动教育教师对大学生劳动教育的重视程度；二是评价高等学校劳动教育教师具备的大学生劳动教育的理论水平；三是评价高等学校劳动教育教师对大学生劳动教育实践活动的组织情况；四是评价高等学校学生对劳动教育教师的教学满意情况。

（三）评价家庭、社会组织对大学生劳动教育的协同组织情况

一是评价家庭、社会组织对大学生劳动教育的重视程度；二是评价家庭、社会组织对大学生劳动教育的协同配合情况；三是评价社会组织对大学生劳动教育实践活动基地的提供情况；四是评价家庭对大学生劳动教育的坚持情况。

学习思考题

1. 如何理解我国大学生劳动教育的指导思想？

2. 我国大学生劳动教育的总体目标及其内涵是什么？

3. 开展大学生劳动教育应秉承何种先进的劳动教育基本理念？

4. 开展大学生劳动教育应遵循的劳动教育基本原则有哪些？

5. 我国高等学校开展大学生劳动教育主要存在哪些问题？

6. 我国高等学校该怎样通过强化组织来开展好大学生劳动教育？

7. 我国高等学校如何才能协同家庭社会共同开展好大学生的劳动教育？

8. 我国高等学校开展好大学生劳动教育该如何创新劳动教育新方式？

9. 我国高等学校开展好大学生劳动教育该如何评价新时代大学生劳动素养？

10. 我国高等学校反思是否重视大学生劳动教育。

11. 我国新时代大学生反思该如何重视劳动教育。

第四章　劳动教育·育人正观篇

自人类诞生和社会形成起，劳动作为人类社会生存和发展的基础，在推动人类社会进步、促进个体全面发展等方面产生了深远影响。高等学校开展新时代大学生劳动教育，必须培育大学生正确的劳动观念，这将成为高等学校劳动教育取得成效的关键内容之一。本章从不同视角对大学生育正劳动观进行了重点阐述，包括强化劳动育人观、育正劳动价值观、树立正确劳动观、坚持劳动实践观、培育劳动创新观、培养劳动创业观、遵守劳动纪律观、牢记劳动安全观、坚持劳动诚实观、培养劳动团队观、崇尚劳动奉献观和享受劳动美学观。育正劳动观对开展大学生劳动教育和培养社会主义建设者和接班人具有重要意义。

第一节　强化劳动育人观

新时代劳动教育要求我们具备满足生存发展需要的基本劳动能力，系统学习掌握必要的劳动技能，强化劳动意识，培养正确的劳动观念，提高创造性劳动能力。抓好大学生的劳动观教育，是事关贯彻落实党的教育方针的大事。

一、案例导入

【案例 4.1】部分大学生缺乏基本的劳动意识

大一新生报到当天父母在不厌其烦地为其擦洗床铺，收拾宿舍卫生，部分学生则在一旁休息，有的玩手机，有的一直在抱怨学校住宿环境如何差等，没多少个学生主动帮助父母，哪怕递杯水喝。到了晚上父母回家，有些学生就会跑过来找老师，问："老师，衣服要怎么洗？""老师，衣服要怎样晒干？"……

【案例 4.2】部分大学生缺乏基本的劳动技能

当前有的大学生"葱""蒜"不分，"麦""稻"不分，劳动工具不会使用，劳动技能近乎为零，更没有土地情结。宿舍里可见一些学生直着腰手拿扫帚，扫地不过一寸、频率半分钟落地一次的现象。

二、问题分析

部分高等学校对劳动教育认识不全、重视不够、投入不足是导致大学生劳动教育弱化的主要原因,其关键是对劳动教育在高等教育中育人功能的理解存在偏差。

一是忽视了劳动教育在"为谁培养人"中的作用。劳动规定了教育的社会属性和实践特征。我国高等教育的使命是立德树人、为党育人、为国育才。劳动教育是新时代中国特色社会主义教育制度的重要组成部分,是保证社会主义教育性质的重要途径,更是社会主义教育的本质特征。因此,劳动教育体系是保障社会主义教育属性的重要组成部分。劳动是培养马克思主义者和社会主义建设者的唯一方法,立德树人是中国特色社会主义教育事业的根本任务。

二是忽视了劳动教育在"培养什么样的人"中的作用。高等教育的根本任务是培养德智体美劳全面发展的社会主义建设者和接班人,劳动教育与德育、智育、体育和美育之间是有机联系的整体,在劳动中渗透"四育"、落实"四育",在"四育"中认识、把握、践行劳动。劳动教育能使人在情感、意志、思想、技能等各方面得到均衡发展,劳动教育可以树德、增智、强体、育美,实现"五育并举",协调发展。

三是忽视了劳动教育在"怎么培养人"中的作用。劳动不仅创造了历史,也成就了教育。2018 年,习近平总书记在全国教育大会上强调,"要在学生中弘扬劳动精神,教育引导学生崇尚劳动、尊重劳动,懂得劳动最光荣、劳动最崇高、劳动最伟大、劳动最美丽的道理,长大后能够辛勤劳动、诚实劳动、创造性劳动"。因此,劳动教育是教育的方法和基本途径。只有将劳动与教育相结合,才能造就全面发展的人。

三、正观目标

通过劳动教育,牢固树立"劳动最光荣、劳动最崇高、劳动最伟大、劳动最美丽"的观念,具备满足生存发展需要的基本劳动能力,形成良好的劳动习惯。

四、正观路径

(一)将劳动教育工作纳入高等学校"三全育人"综合改革

高等学校要主动将劳动教育纳入学校全员、全过程、全方位育人的"三全育人"综合改革统一安排部署中，建立"全员参与、专兼结合"的劳动教育师资队伍，将劳动教育的教学目标、教学活动、教学考核、评价方式等要素融入人才培养方案和课程体系，融合学科专业教育与劳动教育，突出劳动实践体验，育正劳动观念，将劳动文化融入校园文化建设之中，充分发挥劳动的育人功能。

（二）将劳育目标融入专业培养目标和毕业要求

明确各学科专业的培养目标和要求中的劳育目标和要求，既包括树立正确的劳动观念，又包括掌握日常生活劳动、生产劳动和服务性劳动的知识和技能，从而培养大学生具有良好的生活习惯和卫生习惯，强化自立自强意识，增强产品质量意识，体会平凡劳动中的伟大，坚定服务他人和社会的社会责任感。

（三）将劳育课程编入本科专业人才培养方案

高等学校要建立专设的劳动教育课程与专业课程中的劳动教育相结合的劳育课程体系。以学科专业课程为载体强化劳动素养教育；在劳动课程建设和实施中，要将课堂教学、课程实验实践、课外活动、社会实践等形式有机融合，建立形式多样、内容丰富的劳动教育课程体系，在持续重视生产劳动、服务性劳动能力培养的同时，提高专业技能水平，提升生活自理能力，形成良好的劳动习惯，具备开展创造性劳动的意识和能力。

（四）将劳育资源渗入多方合作资源建设

高等学校要充分挖掘和整合利用学校、政府、企业、社会等多方的劳动教育实践资源，丰富拓展劳动教育的实践场所，构建多方力量合作协同劳动育人平台和机制。同时，面向社会广泛开放学校劳动教育资源，建立健全开放共享机制，构建从小学、初中、高中到大学的融会贯通的劳动教育体系。

（五）将劳育成效加入教育评价体系指标

高等学校应将对劳动理念、劳动态度、劳动品质、劳动技能和劳动实践等内容的考核融入到大学生综合素质评价体系中，从而构建德智体美劳全面评价的新型人才评价体系。在对学校的教育教学质量评价中，增加对学校劳动教育工作实施开展情况的评价。

五、正观成效

全社会树立习近平总书记关于教育的重要论述，推动全社会聚焦劳动教育。在高等学校、广大教师、学生、全社会中强化劳动育人观，培养德智体美劳全面发展的社会主义建设者和接班人，为中华民族的伟大复兴培养合格的劳动者。在大学生中牢固树立以辛勤劳动为荣、以好逸恶劳为耻的劳动观，大力弘扬"崇尚劳动、热爱劳动、辛勤劳动、诚实劳动"的劳动精神，在全社会形成崇尚劳动、尊重劳动、劳动最光荣、劳动最崇高、劳动最伟大、劳动最美丽的共识，增强对劳动创造幸福的理性认知和实践自觉。

建立起具有新时代特色的高等教育劳动育人体系。构建新时代完备的高等学校劳动教育体系，劳动教育与理想信念教育、思想政治教育、创新实践教育相融合，引导学生树立正确的劳动观，全面构建体现时代特征的劳动教育体系。

不断培养德智体美劳全面发展的社会主义建设者和接班人。检验高等学校是否强化和贯彻了新时代的劳动育人观，关键是看是否不断培养出符合新时代发展需要的各项人才，是否为党育人、为国育才。培养的人才是否树立"劳动最光荣、劳动最崇高、劳动最伟大、劳动最美丽"的价值观，是否崇尚劳动、尊重劳动，是否摒弃一切错误对待劳动的思想或行为。

第二节　育正劳动价值观

劳动价值观是人们对劳动的根本看法和态度，其中包括对劳动的目的、价值、意义的认识。大学生的劳动价值观呈现出劳动价值与个人价值、劳动价值与思想道德紧密结合等特征。以社会主义核心价值观为引领，育正大学生的劳动价值观。大学生的劳动价值观不仅影响个人的命运和前途，也决定了国家的命运和前途。

一、案例导入

【案例 4.3】部分大学生缺乏奉献的劳动价值观

当今在一些大学生的群体中"金钱至上"的价值观念横行，存在"一切向钱看"的思想，一些大学生的脑海中充满了金钱的利益，对什么事情都讲钱，劳动不为报酬会被认为是傻瓜，甚至有的"公益活动"也是变相要钱。在这种情况下，金钱的腐败观念会对思想造成极大的腐蚀。抵制轻视劳动和不劳而获的思想的侵蚀，增强正确的劳动观念，树立正确的人生观、价值观势在必行。

【案例 4.4】部分大学生不愿到艰苦地方劳动

某学生考入大学后，不愿吃苦出力，陶醉于已经取得的成绩，丧失积极进取的活力动力，遇到困难和矛盾绕着走，不愿意到艰苦的地方和单位就业。

【案例 4.5】部分大学生安于现状，爱讲排场

某大学生在社会活动中，讲排场、比阔气，铺张浪费，不重实效；在精神状态上，意志消沉，萎靡懈怠，不思进取，对目前的情况习惯了，不愿改变，不求进取，安于现状。

【案例 4.6】部分大学生"等靠要"思想严重

某些大学生往往责任意识不强，怕冒风险，"等靠要"等思想严重，与当前经济社会发展的紧迫形势格格不入，与大学生积极进取、充满生机与活力的生活状态背道而驰。

【案例 4.7】部分大学生存在不正确的劳动价值观

某大学生写道："我理解如农民、工人等劳动者的重要与伟大，但我不想去从事这类职业，也不想让我的后代去从事这类职业。"

二、问题分析

新时代部分大学生对劳动、对劳动者的认识出现了一定的偏差，劳动价值观呈现出劳动态度和劳动价值功利化、劳动目的本位化、劳动途径投机化等不良倾向。

劳动态度和劳动价值功利化主要表现在：一是在劳动价值终极目标上，部分大学生重眼前利益轻长远利益，重个人利益轻集体利益，重物质享受轻精神追求，重现实满足轻理想追求。二是在劳动价值衡量标准上，部分大学生认同和追求以个人财富多少、权势大小、社会地位高低来判断一个人是否成功及成就大小，以奢侈、享乐作为人生价值体现。三是在劳动价值实现手段上，部分大学生由注重艰苦奋斗、勤劳致富慢慢倾向于投机取巧，企图不劳而获、一夜暴富。

劳动目的本位化表现为：部分大学生认同和追求个人享乐主义，以个人财富多少来衡量个人价值，个人成就与目标更多是对个人价值的追求，而个人对社会贡献与责任所体现的社会价值却越来越被大学生所忽视。

劳动途径投机化表现为：部分大学生在学习和生活中没有清晰的目标和规划，存在一定的投机心理。在参加大学英语四、六级考试，全国计算机等级考试，全国硕士研究生统一招生考试等，以及考取中华人民共和国教师资格证书、会计从业资格证书等职业资格证书过程中盲目跟风。在找工作时广泛撒网，就业后频繁跳槽，这些既有参与竞争的被动适应，也有在竞争中受投机取巧心理左右的原因。

三、正观目标

以社会主义核心价值观为引领，充分认识劳动的价值。劳动不仅是谋生的手段，更是客观世界与主观世界交流的媒介，也是实现人性至善至美、彻底自由的必由之路。体会劳动创造美好生活，体认劳动不分贵贱，热爱劳动，尊重普通劳动者，培养勤俭、奋斗、创新、奉献的劳动精神。

四、正观路径

（一）加强学校劳动价值观教育

首先，学校要坚持贯彻立德树人根本任务，建立正确的价值导向，不以成绩高低论成败，克服片面追求分数与文凭工具化与功利化倾向，要培养学生独立精神、实践能力与社会责任感。其次，学校应积极为学生参加劳动实践活动提供各种机会，使学生在劳动实践中育正劳动价值观。最后，把劳动价值观教育贯穿于校园生活各方面。老师在教学管理中应该关心学生的思想动态，在学生具体生活管理中加强劳动价值观教育；重视校园文化建设，营造劳动光荣、勤俭节约、艰苦奋斗的校园文化氛围，使科学劳动价值观融入学生共同生活与共同情感体验中。

（二）提高大学生实践活动能力，增强艰苦奋斗劳动意识

大学生应通过多种形式经常走进基层，走近群众，参加一些力所能及的劳动，以了解全社会劳动者在社会主义建设中的重要作用，深化与劳动人民的感情，并通过积极参加社会公益性劳动，通过劳动掌握劳动技能，提高动手实践能力，养成劳动习惯，增强艰苦奋斗劳动意识，树立勤俭节约光荣、挥霍浪费可耻的观念。

（三）坚持大众传媒正确导向，营造劳动价值观教育良好环境

舆论宣传要坚持正确导向，传达劳动者不分高低贵贱、只要有贡献就是人民英雄的理念。以勤劳致富劳动价值作为人的根本价值导向，共同倡导公平竞争、努力奋斗的社

会风气。高等学校、教师、家长等为大学生树立良好的榜样，在工作与生活中以身作则，言传身教，只有全社会共同营造良好的文化氛围，才能有效引导大学生树立与社会主导意识相一致的价值观念，并在实际生活中尊重劳动，尊重劳动者，用艰苦奋斗、辛勤劳动实现自己的目标。

五、正观成效

（一）大学生树立劳动最光荣的思想

大学生育正劳动价值观的突出体现为树立劳动最光荣的思想。劳动最光荣体现在劳动者的地位与价值上。就劳动者地位来说，只要不损害国家和人民的利益，全体社会主义社会的劳动者的劳动不分高低贵贱，同等受人尊重。一切靠自己双手辛勤劳动、诚恳劳动、符合社会发展和维护人民利益的劳动都是为世人所推崇的光荣的劳动。

（二）大学生树立劳动最伟大的思想

一代代劳动者接续奋斗，才铸就了今日中国追赶世界潮流的发展奇迹，实现了中华民族从站起来、富起来到强起来的伟大飞跃，开创了中国特色社会主义蓬勃发展的辉煌时代。劳动创造历史、开启文明，一切幸福生活源于劳动，任何财富都由劳动创造，所有的梦想也都靠劳动才能实现，劳动人民最伟大。

（三）大学生崇尚劳动、热爱劳动

大学生形成崇尚劳动、热爱劳动的良好氛围。立足岗位成长成才，在劳动中体现价值、展现风采、感受快乐，强调全社会要以辛勤劳动为荣，以好逸恶劳为耻，任何时候、任何人都不能看不起普通劳动者，都不能贪图不劳而获的生活。

第三节　树立正确劳动观

"劳动是人类的本质活动"，它使人类与其他动物从根本上区别开来。2015 年 4 月，习近平总书记在庆祝"五一"国际劳动节暨表彰全国劳动模范和先进工作者大会上的讲话中指出："劳动是人类的本质活动，劳动光荣、创造伟大是对人类文明进步规律的重要诠释。"他强调："中华民族是勤于劳动、善于创造的民族。正是因为劳动创造，我们拥有了历史的辉煌；也正是因为劳动创造，我们拥有了今天的成就。"

一、案例导入

【案例4.8】大学生不正确的劳动观念

小李，××大学2021级学生，他不仅不认真学习劳动教育课程，还公开声称劳动无用，"躺平"快乐，向其他同学传播了不正确的劳动观念。

【案例4.9】学习目的功利化

对大学生的一项联合调查显示：85%的大学生学习的目的是"为了找一份好工作""赚更多的钱"，73%的大学生认为文史哲等知识"没用"，只有不到10%的大学生是为了"做学问，提高自身修养"。这些数据在一定程度上反映出了大学生对学习的功利主义及实用主义的态度。

【案例4.10】择业功利化

当下部分大学生在选择职业时首选北京、上海、广州等一线城市及金融、通信、IT、地产等热门高薪行业。对偏远地区及基层职位则一般不愿选择。有些大学生虽然下了基层，当了大学生村官，但部分大学生并不安心扎根基层，而是抱着"镀金""找跳板"的想法。

【案例4.11】挂钩就职的劳动

有的大学生对大学阶段的学习目标性很强，片面地认为只学习好专业知识，多做项目，毕业后就能就业，只关心能在简历上加分的学习或活动，而对其他劳动，却片面地认为对拿到一份好的录用通知没有太大的帮助。

【案例4.12】上当受骗的大学生

现在许多大学生缺乏正确的劳动观，总是以为天上会掉馅饼，自己不去辛勤劳动。很多大学生受骗，究其根本就是缺乏正确的劳动观，劳动观的缺乏让骗子有了可乘之机，才会导致大学生上当受骗。

【案例4.13】害怕遇见熟人的勤工助学劳动

某大学生感悟："自己在某大学后勤处宿舍管理科当助管做勤工俭学工作，抽时间和宿舍清洁阿姨一起清理女生宿舍的自习室,但每次去清理自习室时,都害怕会遇见熟人,感觉做这些后勤工作好像是一种很上不了台面的劳动,总是担心别人瞧不起自己。"

【案例 4.14】歧视基层普通劳动者的大学生

某高等学校大学生,对本校的保洁人员恶语相向,殴打并侮辱该保洁人员,最终被学校开除学籍。

二、问题分析

劳动观存在的问题主要表现在三个方面:享乐倾向、功利倾向、利己倾向等。

劳动观的享乐倾向,主要表现为好逸恶劳,即渴望不劳而获或通过捷径凭借较少的劳动得到收获。享乐倾向折射出大学生精神世界的空虚,对生活意义的认识不够深刻。

劳动观的功利倾向,主要表现为认为劳动只是谋生手段。功利倾向的劳动观背后实则隐含的是经济理性的思维,这会进一步导致大学生以收入多少来评判劳动的价值大小。

劳动观的利己倾向,简而言之就是认为劳动只与个人相关,何时劳动、在哪儿劳动、怎样劳动特别是劳动与否都是个人的事情。近年来出现了一批受过高等教育、具有劳动能力却选择毕业后躲在大城市的出租屋里过着吃、睡、打游戏的人,他们被称为"蹲族"。这种现象的出现固然有多方面的原因,但大学生本人对劳动的认知出现偏差是其中不可忽视的因素。

三、正观目标

引导大学生树立正确的劳动观,形成良好的劳动习惯。要着重引导大学生形成马克思主义劳动观,充分发挥劳动树德、增智、强体、育美的综合育人价值的重要作用,"有目的、有计划地组织学生参加日常生活劳动、生产劳动和服务性劳动,让学生动手实践、出力流汗,接受锻炼、磨炼意志,培养学生正确劳动价值观和良好劳动品质"。

四、正观路径

(一)坚持党的领导,牢固树立崇尚劳动、尊重劳动和劳动最美的观念

在新时代大学生劳动教育中,要坚持党对教育事业的全面领导,坚持把立德树人作为根本任务,要体现教育为人民服务、为中国共产党治国理政服务,为巩固和发展中国

特色社会主义制度服务、为改革开放和社会主义现代化建设服务。新时代的大学生将要全面肩负起中华民族伟大复兴中国梦的历史重任。因此要在青年大学生中牢固树立崇尚劳动、尊重劳动和劳动最美的思想观念，要树立只有通过勤勉劳动才能铸就幸福生活和辉煌人生的思想观念。新时代大学生要自觉培养热爱劳动、诚实劳动、勤于劳动、善于劳动的品质，不断释放自己创造的潜能，将自己火热的青春投身于建设中国特色社会主义的宏图伟业中。

（二）在劳动实践中不断增进与人民群众的感情，弘扬劳动精神

2019 年 3 月，习近平总书记在学校思想政治理论课教师座谈会上强调：新时代贯彻党的教育方针，要坚持马克思主义指导地位，贯彻新时代中国特色社会主义思想，坚持社会主义办学方向，落实立德树人的根本任务，坚持教育为人民服务、为中国共产党治国理政服务、为巩固和发展中国特色社会主义制度服务、为改革开放和社会主义现代化建设服务，扎根中国大地办教育，同生产劳动和社会实践相结合，加快推进教育现代化、建设教育强国、办好人民满意的教育，努力培养担当民族复兴大任的时代新人，培养德智体美劳全面发展的社会主义建设者和接班人。新时代大学生要始终和劳动人民站在一起，脚踏实地，深入基层一线，勤于理论学习、勇于实践，不断练就过硬本领、努力提高综合素质。在劳动教育和实践中，向模范学，向先进学，向师傅学，向老师学，向书本学，向实践学，在劳动教育中深刻理解劳模精神、劳动精神、工匠精神，尊敬劳动模范、弘扬劳模精神。在劳动实践中与劳动人员建立深厚的感情，在劳动实践中感悟劳动精神，弘扬劳动精神。

（三）在劳动实践中树立报效国家、奉献社会的家国情怀，发扬爱国精神

要始终坚持用习近平新时代中国特色社会主义思想指导高等学校的劳动教育工作。要鼓励和激励大学生诚实劳动、积极劳动、创新劳动，在学生中大力弘扬劳模精神、劳动精神、工匠精神，全面继承中华民族优良传统美德，不断弘扬中华优秀传统文化，激发学生的家国情怀，赓续红色基因、传承革命精神，树立奉献社会的高尚情怀，高举爱国主义的伟大旗帜，在劳动实践中以实际行动为中华民族伟大复兴贡献自己的全部力量。

五、正观成效

随着社会发展和科技进步，劳动形态和方式会发生变化，劳动内容会不断丰富，但

劳动是推动人类社会进步的根本力量，是培养人、塑造人和发展人的重要手段，这一价值永恒不变。通过劳动正观教育，树立"劳动是一切幸福的源泉"的观念；树立"崇尚劳动、热爱劳动、辛勤劳动、诚实劳动"的劳动精神；树立"劳动没有高低贵贱之分，任何一份职业都很光荣"的观念。

第四节　坚持劳动实践观

　　树立正确的劳动观念和劳动态度，热爱劳动和劳动人民，同时养成良好的劳动习惯，是学生德智体美劳全面发展的主要内容之一。劳动实践教育是综合实践教育的一项重要内容，厚植正确的劳动实践观能使学生增加学科知识、陶冶思想情操、磨炼意志能力、促进全面发展，具有重要的地位。本节从新时代大学生在劳动实践中存在的问题入手，阐明劳动实践观的必要性和重要意义，就如何坚持正确劳动实践观提出思路与方法，帮助学生树立健康、正确的劳动实践观，形成良好的劳动风尚。

一、案例导入

【案例4.15】轻视劳动实践的大学生

　　部分大学生劳动观念淡薄，甚至轻视体力劳动，更没有养成良好的劳动习惯，在进入大学校园后发现不具备基本的生活能力、欠缺抗挫折能力等，无法尽快适应大学生活。

【案例4.16】缺失劳动习惯的大学生

　　部分大学生由于受到传统劳动的影响，视脑力劳动的价值大于体力劳动，认为体力劳动就是一些没必要的家务和体力活，这些活动不需要用脑，没有养成基本的劳动习惯。中国青少年研究中心的一项调查结果令人担忧：喜欢劳动、经常做家务的学生仅占两成，能够做自我服务性劳动的学生不足半数。有些大学生在家中无法获得参与劳动的机会，在学校也拒绝参加各种实践活动，以自我为中心，不认为劳动是获得幸福和成功的关键，也没有良好的心态。

【案例4.17】淡化或弱化的大学生劳动实践

　　大学劳动课程与实践活动的开展难以落实，劳动教育的课程实施是作为综合实践活动内容的一部分列入的，课程地位与其承担的任务不匹配，在实践中遇到了许多困难和挫折，劳动实践被淡化和弱化。

【案例 4.18】不思进取、"啃老"现象日益凸显的大学生

对于不少大学生来说，职业没有高低贵贱之分、任何职业都值得尊敬的劳动价值观念已经不那么重要了，一些大学生不就业或慢就业的情况比较常见。如果找不到"好"工作，有些大学生宁可回家"啃老"，拿着父母的钱吃喝玩乐。

二、问题分析

在当下大环境中，大部分大学生并没有足够的劳动实践时间和空间，大学生怕劳动、缺乏主动劳动意识，认为劳动并非自己主业，且并不重要。即使有社会实践活动项目，部分大学生也仅是为了凑学分而完成任务，对劳动教育的深刻育人价值认识不足，对劳动的理解仅停留于外在形式，忽略了劳动的内在育人价值。对其主要原因的分析有：一是认识出现偏差。把简单劳动等同于体力劳动教育，形成劳动教育、劳动实践观念的替代化认识。认为德育、智育、体育、美育等都具有脑力、体力劳动，或者二者兼有，不需要独立开展劳动教育。不必将劳动教育的实践观念纳入人才培养体系。二是劳动教育观的简单化。认识浮于表面，认为劳动教育就是上劳动课，从事一下体力劳动，未能深入理解劳动教育独特宝贵的育人价值。不能将进行劳动实践的过程视作服务他人、教育他人与服务自己、教育自己的全过程。三是社会及其他因素对劳动实践观念的弱化。大学生学习成长过程中因家庭、学校、社会对劳动实践教育作用弱化，长期脱离劳动实践，认为劳动实践和自己的日常学习生活不甚相关，导致懒惰、好逸恶劳的思想有所蔓延。四是传统应试教育中功利性教育现象始终存在。参与劳动实践出于功利性动机，如获得学分、完成任务等，而非劳动实践过程中的体验。长期照此发展，易导致大学生"个体本位"思想严重，稍遇挫折即悲观失望，甚至失去生活的信心。这种错误的思想倾向，若不及时采取措施加以清除，势必会影响学校劳动实践目标的实现。

三、正观目标

劳动教育是大学生成长成才的重要途径，坚持问题导向、靶向解决问题，是提升大学生劳动教育实效的重要方法，只有坚持了正确的方向，才能有效地树立起正确的劳动实践观念。根据《中共中央 国务院关于全面加强新时代大中小学劳动教育的意见》精神,新时代劳动教育作为落实立德树人根本任务的有效载体,寓理想教育于劳动实践中,引导学生通过劳动实践认清劳动的本质、理解劳动的内涵,形成正确的世界观、人生观和价值观,增强社会责任感,将个人成长与国家发展相结合,把坚定马克思主义信念、树立共产主义远大理想和中国特色社会主义共同理想作为出发点和落脚点。

四、正观路径

英国的社会学家罗斯金曾说:"只有通过劳动,思想才能变得健全;只有通过思想,劳动才能变得愉快,两者是不能分割的。"只有先认清劳动的本质、理解劳动的内涵,才能明确正确的劳动实践观及实践的必要性及意义,主要依靠以下路径。

(一)劳动实践理论教育途径:认清劳动的本质和内涵

马克思指出:劳动作为人类社会产生和发展的根基,是人类的基础性活动,生产性活动是人类的根本活动,不应只是一种手段。劳动的目的就是其自身,而不应具有其他的目的,这赋予劳动价值性内涵。人通过劳动获得自身所需的同时也发挥了主动性和创造性,展现了自身的主体性地位。通过劳动人类建立起了经济关系与社会关系,不再是孤立的个体,成为社会性的存在,将劳动与实践相关联,人们对实践和劳动概念的认知都发生了改变。人在劳动之中体验主体性创造的愉悦和劳动带来的快乐,摆脱以物为目标的外在强制性,完全是为了劳动而劳动。这一观点也从侧面说明劳动不能脱离实践,而实践的真正目的是创造和良好的体验。

(二)劳动实践实施教育途径:坚持正确劳动实践观有利于解决大学生实践观弱化的问题

早在 2018 年全国教育大会上,习近平总书记就要求把劳动教育纳入培养社会主义建设者和接班人的总体要求之中,明确提出构建德智体美劳"五位一体"全面培养的教育体系。将正确的劳动实践观运用于新时代大学生劳动教育实践中,应让大学生从内心觉得劳动是一种需要,在劳动实践活动中注重让学生体验劳动成果给自己带来的乐趣。学生在实践中自然而然对劳动产生了乐趣,由不爱劳动、不想劳动而转化为自觉劳动,形成正确的劳动价值观和良好的劳动品质,在实践中收获良好体验和能力。积极开展劳动实践教育活动,注重培养学生的劳动观念、劳动习惯,让学生掌握一些生产劳动技术知识和技能。开展劳动实践活动能够促进大学生思想水平的提高,促进大学生智慧、美育和身体素质的全面发展。

在新的时期、新的教育形势下,如何实现并坚持正确的劳动实践观呢?对于大学生而言,内核是厘清劳动与实践的关系、明确劳动实践观的内涵、树立正确的劳动实践观。因此,在具体实践的开展中应当注意:建立合理的劳动教育课程体系,开展特色劳动实践教育活动,在课程结构的安排上从各专业情况和实践基地出发,根据学生的专业和兴趣,形成合理的劳动实践课程体系,有计划地对学生进行劳动实践教育,形成良好的实践教学氛围,此外将日常思政与课程思政相结合,培养其正确的劳动实践观也尤为重要。劳动实践活动能使大学生感受到学科知识的重要性,提高大学生学习科学知识的积极性,促进大学生科研的兴趣,激发大学生挖掘自身能力的积极性。比如,通过"玉米大豆带状复合种植关键技术"科研活动,实地体会复合种植模式下玉米高产的现实意义。同时应注重加强劳动实践活动教学管理工作,提高劳动实践活动课的教育质量,为保证劳动实践课的教学效果,实施行之有效的劳动实践活动教育考核手段,同时注重平时表现、实践能力考核;强化教育效果,避免劳动实践任务化、片面化,让整个实践有秩序地、规范地开展;挖掘实践教学基地资源,满足学生多样化劳动实践需求;新时代劳动教育深入推进与企业的融合,通过共享、联建、深化合作等方式多措并举拓宽劳动教育实践基地;深化劳动教育实践内容,使劳动实践与新产业、新技术紧密结合,为学生在现代化企业中参与劳动体验搭建实习实训平台,使学生在具体劳动实践中树立正确的劳动观念。

五、正观成效

劳动实践教育与德育、智育、体育和美育的有机融合,能促进大学生综合素质的全面发展。劳动实践观念的成效具体如下。

一是坚持劳动实践观对大学生发展而言具有重要的时代价值和意义,是新时代社会发展的需求,是劳动教育体系中必不可少的重要部分。

二是坚持劳动实践观是提升大学生自身创新创业能力的重要前提。高等学校坚持正确的育人路径,以不同专业的社会实践平台和项目为重要抓手,让大学生劳动真正实践出效果,在实践中领悟劳动魅力和精神,增强学生社会责任感和艰苦奋斗的爱国精神,使其产生爱劳动的动力,好的劳动实践体验让学生由不爱劳动、不想劳动转化为自觉劳动、崇尚劳动。

三是坚持劳动实践观有助于大学生在劳动实践中树立劳动意识、培养劳动情怀。通过引导使得大学生养成热爱劳动、崇尚劳动、尊重劳动的习惯，充分发挥其价值导向和综合育人功能。通过构建合理的劳动教育课程体系打造实践基地，为师生提供劳动实践教学的软硬件设施。教师也应注重增强学生的劳动实践意识，引导学生理解劳动实践对自身培养和发展的重要意义与作用。

　　某农业大学 2022 年上半年开展耕读劳动教育活动中，学校按照"教师指导、班级管理、学生参与"的原则，根据季节特点进行蔬菜瓜果的种植，积极组织师生参与劳动教育实践活动，让学生认识农作物，掌握基本的农业生产技能，感受劳动的意义和价值，体验劳动的快乐。整个实践活动包括春季造林整地劳动、牧草栽培地整理及播种、水稻工厂化育秧及管理、果树树种识别、经济林种植园整理劳动、花卉栽培整地与播种等，内容广泛，涉及农、林、草、园艺等多个领域，但又无不与农业生产紧密结合。尤为值得注意的是，实践课程期间，学生们体验了"昼耕夜读"的生活，每晚还有"大国'三农'""世界现代农业""中华农耕文明与巴蜀农耕文化""中国现代农业"等专题课程。园林专业的刘同学说道："如果脱离了劳动将是一件十分可怕的事，许多新时代大学生认为自己可以如某些电视剧里那样拿着一杯咖啡，每天随便坐坐，就可以把生活过下去，这种想法是不可取的。当我们知道我国严峻的大豆形势时，我们小组成员都十分愤慨，中国人的饭碗就该牢牢抓在我们自己的手里。真正实现中国农业的现代化，这更是需要我们成为不可或缺的力量！"这是通过劳动实践所获得的最直接、最真实的感受，也是通过专业和劳动实践结合让学生能理解历史、自然、农村、农业和社会之间的关系，最后能学有所思，学有所悟，学有所成。

第五节　培育劳动创新观

　　随着社会的发展，科学技术迅猛提升，新时代下劳动被赋予了新的内涵。社会学家艾君认为，新时代劳动价值的体现标准，正从传统"出大力，流大汗""苦干加实干"向"知识型、技术型、创新型"转变。创新劳动也成为当今时代主流，新时代下劳动教育内涵丰富形式多样。在坚持劳动教育常态化的要求之下，还需探寻劳动教育的创新，培育大学生劳动创新观。本节着重阐述劳动创新观的本质及重要意义，以及如何探索培育正确劳动创新观路径，创新劳动教育的模式，促进劳动教育新生态的形成。

一、案例导入

【案例4.19】科技创新建设世界科技强国

2020年5月29日，在第四个"全国科技工作者日"到来之际，习近平总书记给袁隆平、钟南山、叶培建等25位科技工作者代表回信，"希望全国科技工作者弘扬优良传统，坚定创新自信，着力攻克关键核心技术，促进产学研深度融合，勇于攀登科技高峰，为把我国建设成为世界科技强国作出新的更大的贡献"。

【案例4.20】创新劳动教育形式——构建多样多维度劳动教育

多所高等学校尝试构建多维度的劳动教育育人体系，例如将公益性要素融入劳动教育，借鉴志愿公益教育的成果，吸纳和转化劳动教育要求的师资、课程、社团、实践基地等，完善校内外公益劳动育人的联动和辐射机制，获得了师生的一致好评。

【案例4.21】探索新式全学科劳动教育育人方法

某大学构建了"一体三类五驱动"全学科劳动教育育人体系。一体多维的体系构建，通过制定系列政策制度，推进建立劳动教育的组织体系、制度体系、课程体系和工作体系，明确了劳动教育的领导机构、重点领域、重点课程和重点任务，积极构建劳动教育全方位育人格局，并入选新华思政全国首批高等学校劳动教育精彩案例。

【案例4.22】大学劳动实践缺乏创新式探索

某大学对学生进行访谈，了解到学生对劳动实践的认识停留在初高中水平，超过六成学生不愿意参加劳动，即使参加劳动实践也仅限于校园内的社团活动，甚至还有学生认为劳动教育对自身发展没有好处，更别提在劳动实践中进行创新式探索。

二、问题分析

在高等学校的教育教学活动中，新时代大学生创新能力普遍降低。一是缺乏创新的动力和观念。部分学生表现出满足于现状或没有渴望探究的意愿，在具体行动前缺乏信心和创新的勇气。二是缺乏创新的思维能力。固有的思维和传统的学习方法导致部分大学生思考和处理问题方式千篇一律，不敢创新。三是缺乏创新的毅力，部分大学生即使意识到需要创新、需要改变，但很难在劳动实践中坚持，做事虎头蛇尾。

根据随访和调研情况，很多高等学校劳动实践偏于形式化，在实践过程中很多的大学生已经形成了一套相对固定的思维模式，这导致劳动实践经常缺乏创意与实际意义，流于形式。久而久之，大学生失去了兴趣和积极性，劳动实践缺失有效反馈，失去了创新创造的活力，这样的劳动实践没有意义且丧失了劳动教育的灵魂。

三、正观目标

创新劳动即通过人的脑力劳动产生技术、知识、思维的革新，从而高效提升劳动效率、产生出超值社会财富或成果的劳动。创新劳动可以界定为创造社会价值的劳动，具有重要的社会经济价值。创新是一个民族进步的灵魂，是一个国家兴旺发达的不竭动力，也是一个政党永葆生机的源泉。创新型人才是国家社会发展的需求，其具备的劳动创新素养直接影响其个人发展、社会乃至国家发展。树立起劳动教育的创新观念，是新时代深化高等学校教育教学改革和提高人才培养质量的重要任务。高等学校理应认识到劳动教育所发挥的重要作用，认识到不断创新在劳动教育中的必要性及重要性。

四、正观路径

新时代高等学校应着重培养大学生劳动创新观，优化劳动教育体制，创新劳动教学方法，转变教育思想中不利于创新人才培养的价值观、质量观、人才观，牢固树立创新劳动教育理念，在专业知识教授中，变"授之以鱼"为"授之以渔"，启迪学生学会运用知识技能解决问题。如何培育新时代大学生劳动创新观，提升创造性劳动能力，主要实现路径如下。

（一）培育劳动创新观的理论教育路径

劳动创新观就是要求学生深刻理解创新劳动价值和意义，培养创新性劳动能力，其真正的价值是在劳动教育中唤醒和激发学生的创新意识，培养创新素质和提高创新能力。第一，通过各项措施帮助大学生认清劳动创新观的本质及价值，明确劳动创新观是适应社会的需要。第二，摒弃对传统创新创业教育目标功利化认识，结合立德树人的教育要求，培养学生的劳动价值观和创新创业精神。第三，在劳动实践过程中培育学生的劳动创新观，将劳动教育和创新创业教育相融合，以提高学生从事创造性劳动的能力和水平，全面落实有关学生的劳动教育和创新创业教育。

（二）培育劳动创新观的实践教育路径

新时代培养大学生劳动创新观需要敢于创新的勇气，突破定式思维，构建学校师生创造性学习共同体，在劳动实践中运用与时俱进的精神，综合运用多样化方法和途径开展探究性的创新教学活动和实践活动，激发创新意识，增强创造性劳动思维，培养创新素质和提高创新能力。

1. 构建全员全程全方位育人劳动教育课程体系

在劳动教育的创新实践中，要"坚持显性教育和隐性教育相统一，挖掘其他课程和教学方式中蕴含的思想政治教育资源，实现全员全程全方位育人"。既要强化显性劳动教育，传授与大学生就业和职业发展息息相关的劳动科学知识，又要深化隐性劳动教育，深入挖掘专业教育、思政教育和各类第二课堂活动中的劳育资源，积极构建多元化劳动教育课程体系。

2. 建立多维劳动教育评价体系

健全劳动素养评价制度是时代发展的趋势和要求，根据自身特色、专业性质和培养目标，高等学校应建立符合新时代劳动教育特征的多维劳动教育评价体系。一方面，建立科学合理的劳动教育教师评价体系，积极制定全员参与、全程聚力的校内劳动教育框架，强化教师的劳动教育意识；另一方面，重塑学生评价目标，体现劳动教育的价值和实质化，向学生的实际操作能力倾斜。实施多元多维评价和过程性评价，纳入学科综合素质评价体系，作为衡量大学生全面发展情况的重要内容，树立和弘扬崇尚劳动、热爱劳动的劳动价值观。

3. 探索"以学生为中心"的劳动实践教育教学新方式

劳动具有天然的实践属性，劳动教育重在行动，积极培养大学生的主动性、创新性、协调性、适应性，使劳动教育成为促进学生全面发展的重要支撑。一方面，可以建立校内劳动教育共享平台。积极整合重组校内劳动教育资源，建立劳动文化育人基地，利用高等学校举办的规模性会议、国际交流活动、志愿者活动等机会开展职业礼仪、会议会展策划、困难帮扶等劳动实践；建立劳动技能培训基地，在实验、实训环节开展劳动教育，创设丰富的劳动教育情境。另一方面，拓展校外劳动教育实践基地。建立校企合作的实习、实践基地，开展职业劳动体验和劳动实践锻炼，推动劳动教育主动服务产教融合，为社会发展和产业升级培养勤于劳动、善于劳动、热爱劳动的高素质劳动者，从而培养大学生沟通协调、探索创新创造、脑体结合、适应未来社会需求的劳动能力，使学生形成现代的、创新的劳动观念。

五、正观成效

（一）学校层面

营造出良好的劳动创新环境，为全校师生构建劳动创新教育共同体。学校努力健全完善创新劳动支持体系，营造良好的创新劳动氛围。鼓励和支持大学生参加各级各类创新创业大赛，以创新创业竞赛为抓手，搭建劳动创新性活动平台。例如，开展第二课堂、"挑战杯"等多样化的项目，确保大学生的参与度，鼓励大学生以赛促学、以赛促创，有效发挥创新创业教育功能。此外，健全和完善校企合作培养机制，发挥校企双主体育人作用，让大学生感受企业创新技术推动产业发展魅力。

（二）教师层面

打破思维定式，敢于创新劳动教育。经验性的偏见认识和惯性思维误区是创新的枷锁，阻碍新观念、新方法的形成。创新教育理念，创新教学活动设计，创新教学方法，开展探究性创新教学活动。要利用肯定或认同心理，培养联想、发散、创新的思维能力，引导学生举一反三。

（三）学生层面

大学生能逐步树立起正确的劳动创新观。将观念从被动转化为主动，积极主动参与劳动创新项目活动，结合自身专业寻找劳动活动中的创新元素，锤炼创新意志，训练创新思维，增强创新本领，促进实现自我价值。

第六节　培养劳动创业观

2021年9月，《国务院办公厅关于进一步支持大学生创新创业的指导意见》（国办发〔2021〕35号）指出："纵深推进大众创业万众创新是深入实施创新驱动发展战略的重要支撑，大学生是大众创业万众创新的生力军，支持大学生创新创业具有重要意义。"为全面贯彻党的教育方针，落实立德树人根本任务，同时为提高教学效率和教学成果，也应顺应新时代劳动教育观念，立足新发展阶段，贯彻新发展理念，构建新发展格局。高等学校应坚持培养学生树立正确的劳动创业观，培养在校大学生的创新创业能力,支持高等学校毕业生创业就业,牢牢把握劳动教育与创业教育的"同源性、相辅性、融通性、共同性"等特征,找准劳动教育与创业教育的契合点,实现劳动教育与创业教育同力同行。

一、案例导入

【案例4.23】结合专业本身探索"劳创融合"新形式

部分高等学校结合专业特色,探索打造具有本校特色的"劳创融合"路径,例如,某大学以创新创业赛事平台为依托,支持大学生开展基于创新的创业实践,上海财经大学提出了依托中小企业共建创新创业平台、建设"智慧学习工厂"、开展创业项目路演和创新创业大赛。

【案例4.24】微创业——实践劳动与创业结合的摸索

某大学公共管理学院面向大四经济学专业学生开设了"创业实践"课程,将选课的66名学生作为目标群体,分为11个小组,以"校园微创业"项目作为研究单位,于期末结课时段进行深度访谈,所有小组都完成了跨度为10~12周的微创业实践,并且获得了相应的收益。

【案例4.25】设置创新创业与劳动教育深度融合的课程

某工业职业技术学院设置的劳动教育课程以实习实训课为主要载体,围绕专业特色,积极打造"专业+劳动实践""创新创业+劳动实践"。设立专业技术服务岗、礼仪示范服务岗,同时与"职业技能大赛""互联网+""创青春"等创新创业赛事深度融合,积累职业经验,提升就业创业能力。

【案例4.26】劳动教育与创新创业教育深度融合促进乡村振兴和精准扶贫

某农业大学将劳动教育与创新创业教育深度融合,用劳动实践和创新创业作为支撑和加持,促进乡村振兴和精准扶贫,开设了"东小农原味果蔬创业团队"与黑龙江省齐齐哈尔市拜泉县上升乡团结村点对点帮扶,利用专业优势指导农户在家乡进行就业与创业。

二、问题分析

近年来，高等学校掀起了大学生自主创业的浪潮，特别是一些成功的创业案例鼓舞了大学生自主创业的热情，但大学生在运用创业观念进行实践时常常出现三个方面的问题：一是艰苦创业意识淡薄，面对压力和困难情况易放弃和失去耐心，在困难面前不堪一击。二是不重视学校开展的创业教育，仅重视课堂教学中专业知识学习，将创业培训课程当作随意应付的一次讲座，轻视创业理论知识的重要性，认为仅是纸上谈兵。三是缺乏正确的劳动创业观，没有成熟的创业心理，缺乏合作精神，喜欢单打独斗，没有承担风险的心态和能力。

三、正观目标

劳动教育与创业教育是相辅相成、互相通融的。大学生可通过在企业中实践，提高解决问题的能力，以此实践达到课堂教育所无法比拟的效果。鼓励大学生开展具有挑战性的劳动，鼓励大学生不断尝试创新劳动方式。高等学校理应认识创业教育所发挥的重要作用，注重创业教育与劳动教育多形式、多维度的融合。

四、正观路径

近年来，越来越多的当代中国青年在自己的岗位上实现人生价值，成长为创新创业的中坚力量。2013 年 11 月，习近平总书记在致 2013 年全球创业周中国站活动组委会的贺信中指出："青年是国家和民族的希望，创新是社会进步的灵魂，创业是推动经济社会发展、改善民生的重要途径。青年学生富有想象力和创造力，是创新创业的有生力量。希望广大青年学生把自己的人生追求同国家发展进步、人民伟大实践紧密结合起来，刻苦学习，脚踏实地，锐意进取，在创新创业中展示才华、服务社会。"2021 年出台的《国务院办公厅关于进一步支持大学生创新创业的指导意见》（国办发〔2021〕35 号），彰显培养劳动创业观的重大意义。高等学校可参考此文件，结合文件精神进一步增强创业与劳动实践教育融合，将此纳入劳动教育体系中去。首先，通过营造全员化、协同式的教育环境，从顶层设计上明确劳动教育与创业教育结合的必要性、可行性及操作性，从制度层面使两者的融合推进更有章可循。其次，从组织机制上协同推进，强化高等学校内部职能整合，统筹、协调劳动教育与创业教育的管理。与此同时，为劳动教育与创业教育的场域提供条件保障，充分发挥优质社会资源及各类群团组织等平台的作用，广泛调动社会各方力量，积极协调企业、社会组织，尤其是现代化高科技企业等，尽可能开放实践场所和生产空间，为学生的劳动实践和创业实践提供必要支持，让学生在社会这个"大课堂"中学有所成。因此，要推进高校劳动教育与创新创业教育的深度融合，实现路径如下所示。

（一）弘扬劳动精神，打造完备育人模式

劳动教育的精神内涵是指劳动者对劳动的态度以及在实践过程中迸发的创造性，"劳创结合"的新型育人模式更能弘扬劳动精神、激发创造精神、增强实践技能。高等学校开设劳动与创业课程，并在课程教学方式、实践活动开展等方面进行融合，形成健全的劳动创业教育体系。强化师资队伍，全面提升教师的产教研融合教育能力。根据当地资源，协同企业，为劳动教育、创业教育提供良好的保障。企业要为学生劳动实习提供场地，鼓励大学生参与企业实习，在实习过程中不断提升创业能力，并给予部分大学生项目资金以及技术、人员支持，帮助其成功孵化创业项目。通过创业过程中同行业前辈和榜样的示范引领作用，引导大学生培养爱岗敬业、精益求精、追求卓越的职业品格。

（二）结合专业建设，完善实践活动体系

劳动实践教育应因人而异、因专业而异，根据学科特点，设计有针对性的教学内容。重在培养实践创新能力，提前引入创业知识，鼓励大学生开展具有挑战性的活动和项目，以培养大学生内在劳动热情、创造性劳动能力为目标，带领学生参与到创新创业实践项目的探究、学习中，提升大学生的创造性劳动能力。

（三）培育服务意识，鼓励学生投身实践

大学生自身要树立正确的劳动创业观。以劳动实践为基础，借助劳动实践锻炼自身创业能力，通过创业实践验证课堂知识。做到学以致用、活学活用。增强创业自信，以积极向上的态度和坚韧的意志品质面对各种挑战和困难。劳动教育与大学生创业教育融合，不仅可以培养大学生的劳动精神、创业能力，还能推动大学生的全面发展。

五、正观成效

实践创新是创业的基础和前提，创业则是创新的成效，正确的劳动创业观影响大学生今后职业品格的形成和职业发展。

（一）增强大学生的创业自信

要敢于做先锋，而不做过客、看客，让创新成为青春远航的动力，让创业成为青春搏击的能量，让青春年华在为国家、为人民的奉献中焕发出绚丽光彩。不乏优秀的创业大学生，如在成都市第二届乡村振兴"十大案例"评选活动中，某高等学校动物医学专业 2015 届毕业生李同学获评"十佳返乡创业大学生"。李同学聚焦强农兴农使命，始终坚持创新创业，在成都先后创办两家农业科技有限公司，并分别担任总经理和运营总监。2015 年获全国"大学生创业英雄年度 100 强"，2019 年 1 月被评为温江区十佳创业青年。截至 2019 年，他带领团队获得 2019 年四川省"互联网+"大学生创新创业大赛金奖和 2014 年四川省"创青春"大学生创业大赛金奖等多项奖励。李同学决定创业最本真的目标还是想真正地走出大山、挑战自己、不断地成长。他的父母都是很普通的农村人，他们只希望李同学能拥有一份稳定的工作，平稳安乐地度过一生。但是他不安逸于"一眼就看得到头的生活"，他喜欢"折腾自己"，通过创业实践来践行自己的劳动创业观。

（二）培养学生的就业创业能力，使学生树立正确的择业观

高等学校劳动教育需与创业教育深度融合，两者均具有需求的迫切性、条件的客观性、发展的社会性等特征。创业励志照亮人生，改变命运，应将劳动教育与创业教育协同互促，培养大学生实践和创新创业能力，多层次推进大学生创业意识培养，大力开展大学生创业实践活动。在《中共中央 国务院关于全面加强新时代大中小学劳动教育的意见》中，提出劳动教育需要围绕创新创业的相关内容，劳动教育方法已经从课堂教育向实践教育进行转变，社会实践对其实践和创新能力提升具有重要作用，在实践中验证课堂知识，切实提高自身劳动能力。创业更是以实践为前提，只有亲自展开实践，才是真正的创业活动，只有通过实践取得的成绩才能验证创业的真实性、成功性。

（三）培育劳动服务意识，鼓励学生投身实践

在大学生学习阶段，植入劳动创业观，形成递进式的教育目标从劳动实践到创业实践的过渡，利用劳动教育为创业教育积蓄知识和实践能力。创业观培养是一项复杂、系统的工程，应以市场为导向，以实践为载体，注重提升大学生的创新创业能力，将创业教育贯穿人才培养的全过程，提升教师的创业教育能力，加强大学生的创业培训，优化创业环境。

第七节 遵守劳动纪律观

劳动纪律是指劳动者在劳动、工作、生活过程中所应遵守的劳动规则和劳动秩序。它主要包括履约纪律、考勤纪律、生产或工作纪律、安全卫生纪律、日常工作生活纪律、保密纪律、奖惩制度和其他纪律等内容。劳动纪律具有约束性和强制性。

"没有规矩，不成方圆"，无论何种行业，都应将纪律、规章制度放在首要位置，只有每个人都遵守劳动纪律，劳动才能顺利进行。劳动纪律教育，是大学生思想政治教育的重要内容，是社会发展的必然要求，也是直接影响到大学生成长、成才的重要因素。因此，劳动纪律观是大学生树立正确劳动观的基本内容之一。

一、案例导入

【案例 4.27】大学生上课缺席不断发生

小李，××大学 2022 级学生，经常在半夜和朋友出去喝酒、吃饭，白天在宿舍睡觉，经常上课缺席甚至挂科，然而他却觉得这样无所谓，还带着身边的同学"躺平"、"摆烂"，对劳动教育重要性的认识不够，对生活抱有一种消极的态度。

【案例 4.28】大学生在校内学习生活中发生违规违纪行为

如有的学生上课迟到早退、旷课、抄袭作业、考试作弊、论文剽窃；有的学生打架斗殴，甚至还出现偷盗、赌博等行为，不仅违反高等学校的学生管理规定，甚至还触犯法律。

【案例 4.29】大学生在校外实习时违反安全纪律

如某高等学校一名女生在车床实习时，因中途要外出开会而抱侥幸心理，没有遵守安全操作规程戴好安全帽，在操作时不小心将辫子绞进旋转的丝杠，幸亏被指导教师发现，及时拉下总电闸才未酿成大祸，但由于丝杠旋转的惯性，该学生的头皮还是受了伤。

【案例 4.30】大学生毕业后在工作岗位违反劳动纪律

例如，贺某，新入职某事业单位并担任秘书一职，不了解涉密文件销毁管理规定，将 3 本秘密级汇编书籍交给保洁人员处理，保洁人员将书籍卖到了废品收购站，被保密行政管理部门工作人员及时发现，进行了收缴处理，贺某被记大过处分；又如，肖某，某市人事考试中心科员，主要负责考务管理和资格审核相关工作，在建造师、注册消防工程师等资格考试的报名资格审核期间，违规审核不符合报名条件人员考试资格，收受贿赂款共计人民币 49 万元，被判处有期徒刑 4 年，并处罚金人民币 20 万元。

二、问题分析

大学生的劳动纪律观缺乏，是其劳动观不正的基本表现之一。大学生在校内外劳动实践中的违纪行为，不仅给学校和劳动单位带来不良影响，情节严重的还会造成财产损失、人身伤害，甚至危及生命。分析其原因主要有：一是纪律意识淡薄。有些大学生缺乏劳动纪律的自我培育意识，主动学习和了解劳动纪律相关理论知识不够，劳动法律法规知识匮乏。二是责任与使命感不强。有些大学生在劳动实践中有违反劳动纪律的行为，如不遵守劳动合同要求的履约纪律、不遵守工作岗位职责规定的工作纪律、不遵守技术操作规程的安全纪律、不遵守保守商业和技术秘密的保密纪律等，主要是责任感和使命感缺乏造成的。三是职业道德素养不高。有些大学生在劳动实践中有受劳动纪律约束按时、按质、按量完成劳动任务，对劳动纪律的遵守往往处于"他律"阶段，未形成行为自觉，因此当个人职业道德素养不高，在面对外界负面影响时容易发生违纪行为。四是高等学校对大学生劳动纪律教育不到位，传统高等教育弱化了大学生劳动纪律教育。受传统教育观念的影响，高等学校将智力教育放在教育工作的首位，学生思想道德、纪律意识等教育未引起足够的重视。高等学校纪律教育往往局限于遵守校纪校规，而未从培养人具有纪律意识和纪律观念的角度出发，在一定程度上削弱了教育效果。家庭对大学生纪律教育的缺失，家庭教育忽视对孩子不良心理的疏导，特别是未在劳动中锻炼孩子良好的品德和习惯，导致他们容易出现违纪行为。五是受社会环境的影响。当今社会竞争激烈，部分大学生不能主动适应环境的变化，产生不良心理，极易发生违纪行为；现实生活中的种种违纪现象未得到应有的处罚和有效的遏制，对部分大学生的纪律观产生了错误的心理暗示，加剧了大学生纪律意识的淡漠。

三、正观目标

通过对大学生劳动纪律教育，引导大学生树立劳动纪律观，旨在培养大学生劳动纪律意识和安全意识、遵守劳动纪律的习惯，提高大学生维护劳动纪律的自觉性，培养其健康心理，塑造其健康人格，全面提升大学生职业道德素养，助力大学生成长为遵纪守法、有责任和担当的人。

四、正观路径

高等学校应从思想观念、行动准则等方面培养大学生掌握劳动纪律及相关法律法规等知识，具备劳动纪律观，多层面、全方位创造劳动纪律教育的良好环境，避免大学生出现违反劳动纪律的行为。主要路径如下。

（一）自我教育途径

一是大学生要自觉学习劳动纪律和相关法律法规等知识，树立劳动纪律意识。二是主动参加学校、家庭、社会的各种劳动实践，在劳动中强化对劳动纪律的认识，形成遵守劳动纪律的自觉，由他律转为自律。

（二）学校教育途径

一是重视大学生劳动纪律观念的培养。高等学校充分利用信息化资源，搭建大学生思想道德教育和纪律意识培养的平台，提供可共享的学习资源，让大学生在学习中树立劳动纪律的意识。二是组织大学生参加社会实践，特别是生产劳动实践活动。以耕读劳动教育为契机，让大学生在实践中磨砺意志，强化劳动纪律意识。给大学生提供参与生产劳动实践的机会，既能使大学生掌握一些基本的生产技能，又能让其在亲历劳动中认识到劳动纪律的重要性，形成遵守劳动纪律的自觉。三是重视心理健康教育。引导大学生以正确有效的途径和方式来释放压力，排除不良情绪，解决心理问题，防止大学生违反纪律。

（三）家庭教育途径

一是家庭要树立引导子女全面发展的教育观念，既要重视子女学业，又要重视思想道德品质和法纪意识的培育。二是父母应提升自身的职业纪律素质，发挥良好的榜样示范作用。

（四）社会环境途径

一是社会要重视大学生劳动纪律教育，关注学生的身心健康，营造和谐、诚信的文化环境。二是各行各业制定完整的劳动纪律规范，让劳动纪律教育有章可循。

五、正观成效

大学生通过接受劳动纪律教育，具备辨别劳动中的各种违纪行为和防御违纪风险的能力，增强劳动纪律观念和维护劳动纪律的自觉性，避免因个人失职或疏忽给自己、他人造成人身伤害，给劳动单位造成财产损失，给社会造成不良影响。其主要成效如下。

（一）大学生的劳动纪律观念和法律意识增强

大学生通过纪律教育和相关法律法规学习，不断提高自身的思想理论水平，强化了纪律观念和法律意识，增强了抵御违纪违法风险的能力。

（二）大学生的责任与担当意识增强

大学生通过劳动实践强化了对劳动纪律重要性的认识，增强了自己的责任感和使命感，在生产、工作中遵守岗位职责和规则，严守基本操作规程，规范使用各类劳动工具，保守劳动单位商业秘密和技术秘密等，维护了正常的生产、工作秩序。

（三）大学生遵守、维护劳动纪律的主动性和自觉性增强

大学生通过接受纪律教育，把劳动纪律原则和规范内化为自身纪律的需要，从而自我约束，自觉遵守劳动纪律，主动制止他人违反劳动纪律行为，维护公平正义，为营造良好的社会风气做出贡献。

（四）大学生职业道德素质提升

职业道德是一种自律行为，劳动纪律的遵守需建立在良好的职业道德基础上。劳动纪律教育的关键是把他律变成自律，使学生在长期主动、自觉遵守纪律的过程中，树立纪律权威和纪律信仰，从而促进其形成良好的职业道德。

第八节　牢记劳动安全观

劳动安全是指在劳动过程中，防止中毒、车祸、触电、塌陷、爆炸、火灾、坠落、机械外伤等危及劳动者人身安全的事故发生，也包括在劳动过程中的物质环境受损。只有保障劳动安全，避免劳动事故、伤亡事故等发生，劳动者才能创造更高的价值，因此劳动安全观是大学生树立正确的劳动观的基本内容之一。

一、案例导入

【案例 4.31】大学生在校内实验室发生劳动安全事故

近年来，国内高等学校实验室多次发生安全事故。例如，2021 年南京某大学材料科学与技术学院材料实验室爆燃，造成 2 死 9 伤；又如，2022 年湖南某大学材料科学与工程学院发生一起爆燃事故，1 名博士研究生受伤。

【案例 4.32】大学生毕业后负责工程发生安全事故

近年来各省（自治区、直辖市）发生多起生产安全事故，造成了重大的人身安全与经济财产损失。例如，四川省甘孜藏族自治州某水电站 3 号机组引水钢管闷头失效，造成水淹厂房，致 9 人死亡，直接经济损失约 4435.5 万元；又如，吉林省长春市某公司火灾爆炸事故，造成 121 人死亡，76 人受伤，直接经济损失 1.82 亿元。

二、问题分析

大学生的劳动安全观不够或缺乏，是其劳动观不正的基本表现之一。在校与大学毕业生的工作劳动实践活动多种多样，劳动安全问题涉及各行各业，存在的安全隐患和引发的安全风险也不尽相同，大学生劳动的各类安全事故层出不穷，给自己乃至他人带来人身和财产损失。作为劳动者，分析其原因主要有：一是认识站位不高、责任与使命感不强。往往很多劳动安全事故是重视不够、责任使命感不强造成的。二是劳动安全意识淡薄或缺乏。大学生参与生产劳动，未经过系统化的安全培训或安全意识淡薄，造成重大经济损失甚至酿成惨剧等，其主观上不具备安全劳动的意识或存在侥幸心理。三是大学生劳动管理规范不到位。相关单位未建立完善的劳动安全风险管理的制度，缺乏有效的安全管理规范、安全检查和整改，未给大学生提供应有的、系统的劳动技能培训。四是劳动技能不够。部分大学生客观上职业安全素质不高，未掌握劳动安全技能，如未能掌握基本的实验安全操作技能，导致安全事故的发生。五是违反劳动纪律。部分大学生违反学校劳动纪律、违章作业、违章指挥、违反安全劳动纪律。六是劳动安全预案缺乏或不完善。这导致部分大学生在日常生活中遇到突发安全事故时手足无措，致使错过最佳自救和救援时机。

三、正观目标

通过大学生劳动安全教育，引导大学生树立劳动安全观。旨在培养大学生劳动安全的意识与理念强、责任与使命感强、技能与纪律强和组织与管理强，培养大学生劳动观正和劳动综合素养好，助力大学生成长为德智体美劳全面发展的社会主义建设者和接班人。

四、正观路径

大学生的劳动安全教育，从思想理念、行动准则等方面全方位培养大学生掌握劳动安全技能、具备劳动安全观，多层面协同保障大学生劳动安全、成长安全。

（一）劳动安全理论教育途径

一是从意识层面强化大学生的劳动安全意识和理念。树立劳动安全观是培养大学生在亲历劳动过程中保护自己和守护他人的重要环节，将安全劳动的意识贯穿劳动教育全过程，使大学生时刻牢记劳动安全，将劳动安全观内化于心，外化于行。保障自身劳动安全甚至守护他人劳动安全。二是从理论层面系统化大学生劳动安全理论知识。提前熟悉场所设施选择、材料选用、活动流程设计、工具设备和防护用品使用等环节，从而提升育人安全性。三是建立健全安全培训规范。劳动组织单位要加强对大学生的劳动技能规范培训，进一步提高大学生的安全防范意识和安全防护技能；大学生要主动接受安全教育和培训，夯实劳动技能，规范劳动操作。

（二）劳动安全实践教育途径

一是制定劳动安全预案。强化实践体验的同时强调安全适度，科学评估劳动实践活动的安全风险，认真排查，清除劳动实践中的各种隐患，为劳动者购买劳动相关保险。二是强化安全组织和落实。强化劳动过程中每个岗位的劳动实践活动的风险防控，明确各方责任，防患于未然。三是制定安全事故应急处置方案。完善应急与事故处理机制，配备安全保障措施。四是落实生产安全事故隐患自查自纠。及时铲除劳动安全事故风险源，从本质上提高安全质量。

（三）劳动安全案例教育途径

一是劳动安全案例教育要日常化。日常劳动实践安全是劳动安全教育的大本营，以日常生活中各类劳动实践案例指导启发学生在进行简单日常劳动操作时养成安全进行劳动的习惯。二是劳动安全案例教育要规范化。学校教育是劳动安全教育的主战场，学校通过建立健全安全教育与管理并重的劳动安全保障体系并组织学生系统学习典型劳动安全案例来强化学生的劳动风险意识。三是劳动安全案例教育要多样化。大学生走出校门，走进社会，在社会各行各业中开展各种形态、各种方式的劳动实践时将面临各式各样的劳动风险，要提前通过丰富多样的典型案例让大学生了解劳动安全的必要性，教导大学生掌握安全的劳动方法。

五、正观成效

"控制和减少劳动过程中产生的伤害，切实保障劳动者的劳动安全，既是加强劳动者权益保障、推进构建社会主义和谐劳动关系的内在要求，也是在劳动生产领域贯彻落实习近平总书记'以人民为中心'发展思想的应有之义。"大学生通过接受劳动安全教育，具备能科学排查应对劳动风险、识别危险因素的能力，能自觉保障自身的劳动安全和主动守护集体及他人劳动安全，避免因个人过失给他人和集体带来劳动安全风险。具体劳动安全教育成效体现在以下四个方面。

（一）大学生劳动安全的责任与使命感增强

避免劳动质量不合格引发安全事故，加强大学生在重点工艺、重点岗位、重点行业劳动时的安全动态管理和现场监管；改进完善设施、设备的安全防护措施；落实生产安全事故隐患自查自纠，及时铲除劳动安全事故风险源，从本质上提高安全质量。

（二）大学生劳动安全的意识与理念增强

培养大学生的劳动安全意识和理念，通过日常劳动、学校劳动、社会生产劳动等各种形式的劳动实践，潜移默化地培育大学生的安全意识、强化安全理念、加强安全文化建设，帮助其克服思想上的麻痹大意。

（三）大学生劳动安全的技能与纪律增强

劳动组织单位加强劳动技能规范培训，进一步提高大学生的安全防范意识和安全防护技能，提升主要负责人、安全管理人员抓安全的工作意识和能力，建立健全安全培训台账。大学生主动接受安全教育和培训，夯实劳动技能，规范劳动操作，熟知基本操作步骤和方法，熟练使用各类工具，掌握科学评估和避免安全风险的技能等。

（四）大学生劳动安全的组织与管理增强

劳动组织单位要建立劳动安全风险分散机制，强化安全组织和落实，科学评估劳动实践活动的安全风险，认真排查、清除劳动实践中的各种隐患；配备安全保障措施，在场所设施选择、材料选用、活动流程设计、工具设备和防护用品使用等环节制定规范、科学的操作规则；制定安全工作预案和方案，强化劳动过程中每个岗位的劳动实践活动的风险防控，明确各方责任，防患于未然；制定安全事故应急处置方案，完善应急与事故处理机制。

第九节　坚持劳动诚实观

诚实劳动指劳动者在各项政策法规允许的范围内，以积极、诚实、实干的态度从事各种有益于社会发展的体力和脑力劳动。它要求劳动者在劳动过程中履行职责，合法合规地劳动。这是社会主义职业道德的基本要求，也是大学生在劳动生活实践中必须遵循的基本准则。诚实劳动主要表现在三个方面：一是对劳动的客观认知，如对个人从事劳动具备的知识、技能的正确认知等。二是劳动行为的务实，如杜绝偷工减料、遵守劳动纪律等。三是劳动成果的求真，如不以次充好、不窃取他人劳动成果等。实干求真贯穿诚实劳动的始终，是诚实劳动的本质内涵。诚实劳动，遵守规范，追求质量，是劳动者应有的认知、态度和习惯，也是个人取得成功的必备条件。因此，劳动诚实观是大学生树立正确劳动观的基本内容之一。

一、案例导入

【案例 4.33】大学生在学业中的不诚信行为

有的大学生编造实习经历、学术不端等。例如，有一名大四学生考公务员，笔试和面试环节均通过，然而，在政审时，政审人员核查其档案里面的实习证明，发现其并未在相关企业实习过，该生因此未通过政审。又如，2022 年 5 月，西安某大学计算机科学与技术学院本科生雷某、卢某在做毕业设计过程中通过网络平台购买代码，并通过购买的代码完成论文的部分实验结果，学校经审查，认定二人存在学术不端行为，依据相关规定给予该两名学生留校察看一年处分，其间不得申请学位，取消卢某研究生推免资格。

【案例 4.34】大学生在择业就业中的不诚信行为

有的大学生在求职时涂改在校学习成绩，如小张为符合某事业单位的招聘条件"大学期间无挂科、补考情况"，篡改成绩单上的"补考"标记，投递了简历，该单位在其通过面试后，将小张的成绩单反馈至其就读的学校审查，结果发现他的成绩标记与事实不符，因此不予录用。小张在简历中弄虚作假，错失了这次就业机会。

【案例 4.35】大学生在创业中的不诚信行为

有的大学生为走"致富"捷径，虚拟创业项目，实施诈骗。例如，在校大学生沈某以合伙创业为由，虚构创业项目，以启动资金、维护平台、美术设计等各种理由，骗老师投资 400 余万元，同时他还用诈骗所得将自己包装成创业成功人士，对多名同学实施诈骗，金额达 100 余万元，法院以诈骗罪判处沈某有期徒刑 11 年，并处罚金 30 万元。

二、问题分析

大学生的不诚实劳动行为，表现形式多样、程度不一，在社会上产生了一系列不良影响，折射出部分大学生劳动观不正的问题。而大学生诚实劳动观缺失的原因有多方面。

一是自我教育和认识不足。部分大学生政治觉悟不高，缺乏对自我劳动素质的主动培育意识，对所从事劳动必备的知识、技能、技巧和具备的劳动素质认识不足；劳动意识淡薄，对劳动目的和价值问题的深入思考不够；劳动实践的主动性不强、积极性不高，缺乏劳动的热情；劳动自律性不强，不能自觉抵制错误的劳动价值观念，未能养成良好的劳动习惯。

二是高等学校对大学生德育重视不够。在社会主义市场经济下，部分高等学校存在重智轻德的现象，诚信教育停留在传统的说教层面，缺乏多样性和有效性；在实际操作中把学习成绩优秀作为大学生评优、评奖的最主要的依据，忽视大学生诚信等品德评价。

三是家庭对大学生诚信教育的缺乏。在激烈的社会竞争中，家长对子女的期望较高，往往注重学业，忽略了对子女日常行为的规范和纠正，在一定程度上造成了诚信缺陷。

四是社会环境的负面影响。市场化的评价导向导致有的大学生追求"不劳而获""少劳多获"，社会上存在着一些人靠权钱交易、恶意炒作、投机取巧等不正当手段一时得利的现象，对大学生诚实劳动观的形成产生了不良影响。

三、正观目标

2013 年 4 月,习近平总书记在同全国劳动模范代表座谈时指出:"人世间的美好梦想,只有通过诚实劳动才能实现;发展中的各种难题,只有通过诚实劳动才能破解;生命里的一切辉煌,只有通过诚实劳动才能铸就。"新时代大学生肩负着社会主义现代化建设的使命,培养大学生的劳动诚实观,是时代赋予劳动教育的重任。

通过诚实劳动教育,引导大学生树立劳动诚实观。着力涵育诚实守信、实干求真的优良品质,旨在端正大学生的劳动态度,引导大学生树立诚实劳动的意识和理念,培养大学生脚踏实地的劳动精神,塑造大学生勤奋务实的劳动品格,提升大学生担当有为的劳动境界,从而全面提高其劳动素质,助力大学生成长成才,实现自我价值。

四、正观路径

诚实劳动是新时代劳动教育的重要理念,是人们在劳动中遵守的基本准则。2019年 4 月 30 日,习近平总书记在纪念五四运动 100 周年大会上发表重要讲话,指出:"面对复杂的世界大变局,要明辨是非、恪守正道,不人云亦云、盲目跟风。面对外部诱惑,要保持定力、严守规矩,用勤劳的双手和诚实的劳动创造美好生活,拒绝投机取巧、远离自作聪明。"大学生诚实劳动观的教育,应从个人、学校、家庭、社会全方位多角度出发,依靠多种路径实现。

（一）自我教育途径

一是主动开展自我教育。大学生要加强诚实劳动观的自我培养,端正劳动态度,反对一切不劳而获、贪图享乐、崇尚暴富的错误观念,树立诚实劳动的意识。二是积极参加劳动实践。大学生将诚实劳动精神融入学习、生活和劳动实践中,不断磨炼诚信品德,把职业规范内化为自身的道德素质,使自身的劳动素养不断升华。

（二）学校教育途径

一是教学中融入诚实劳动理念。高等学校把诚信内容纳入相关课程,根据大学生的不同专业特点把诚实劳动教育渗透到专业教学的各个环节,帮助大学生理解诚实劳动的重要性,引导其树立诚实劳动的观念。

二是在实践中培养大学生诚实劳动的习惯。高等学校组织大学生参加"三下乡"等志愿服务活动,深入企业、农场、厂矿等进行调研和参观学习,让他们在社会实践中促进诚实劳动认知的内化，并通过亲身体验劳动的意义及价值，提高践行诚实劳动的自觉性，从而确保诚实劳动教育的实效性。

三是加强引导，重视榜样的力量。高等学校要做好诚实劳动榜样示范教育，通过宣传身边的、典型的诚实劳动先进事迹激励大学生，帮助其形成正确的劳动价值观。

（三）家庭教育途径

家庭要通过"言传身教"强化大学生对诚实劳动的认识。一是家长应提高自身的品德修养，以身作则，做好诚信的榜样。二是家长要树立正确的教育观，采取正确的教导方式，提高家庭教育的质量，并加强对子女诚信行为的监护和指导。

（四）社会环境途径

社会要营造诚实的劳动风气，大力宣传各行各业的劳动模范，使大学生在模范的影响下树立诚实劳动的意识；国家要建立健全诚实劳动相关法律法规制度，加大对诚实劳动者的正面激励，约束不诚实劳动行为。

五、正观成效

大学生通过接受诚实劳动教育，具备良好的劳动品质，用辛勤劳动和诚实劳动实现人生的价值，用行动影响他人，营造良好的社会风气，自觉抵制社会中的不诚信行为，维护社会和谐。主要成效体现在以下四个方面。

一是大学生诚实劳动的观念增强。通过多形式、多渠道的劳动理论和实践的渗透教育，培养大学生实事求是的劳动态度，强化诚实劳动理念，加强道德文化建设，帮助大学生克服各种不良思想影响，避免不诚信行为发生。

二是大学生责任与担当增强。诚实劳动的基本要求是对人守信，对事负责。大学生在劳动过程中，实事求是，严格遵守规范，以认真负责的态度做好分内事，诚实地面对失误和问题，并勇于承担责任。

三是大学生劳动纪律意识增强。大学生通过接受诚信教育，明确诚实劳动的真正意义和价值，在劳动实践中坚持诚信务实、恪守信誉，反对投机取巧、弄虚作假等各种违法乱纪行为，从而强化自己的劳动纪律观念。

四是大学生职业道德修养提升。诚实守信不仅是职业道德的基本规范，更是做人的一种基本道德品质。大学生在劳动教育中，培养"诚"的品质，并将其内化为自身的品德修养，使其在劳动中自觉遵守劳动规范和准则，做到诚实劳动，诚信做人，形成良好的职业道德品质，提升职业道德修养。

第十节　培养劳动团队观

团队精神是团队成员基于共同的价值观念，为了实现共同的利益和目标，相互沟通、优势互补、顾全大局、团结协作的集体精神和意志。简单地说，团队精神是大局意识、协作精神和服务精神的集中体现，其核心是团结协作。马克思认为，单个劳动者的力量的机械总和，与许多人同时共同完成同一不可分割的操作（例如举重、转绞车、清除道路上的障碍物等）所发挥的社会力量有本质的差别。可见团结协作的重要性。在团队劳动中，团队成员要充分发挥团队精神，互相学习，取长补短，团结协作，只有这样才能更好地提升团队劳动的效率和质量，实现最大的共赢。因此，劳动团队观是大学生树立正确劳动观的重要内容。

一、案例导入

【案例 4.36】大学生日常学习和生活中缺乏团队意识

例如，有的大学生秉持"各人自扫门前雪，莫管他人瓦上霜"的思想观念，只关心个人的利益，不关心集体事务，不愿意担当班委，宁愿"宅"在宿舍睡觉或玩电脑，也不愿意参加班级主题班会，以及文艺、体育等集体活动；在班级、宿舍和社团活动中，有的大学生之间关系比较冷漠，甚至出现相互排挤的现象。

【案例 4.37】大学生集体劳动中缺乏团队意识

大学生在寝室劳动、小组作业、社会实践、创新创业项目等团队劳动中，常常出现"划水""搭便车"现象。例如，在一次小组作业中，某小组共有 4 人，"学霸"小林自然成了小组组长。成员中一人是留学生，看中文文献比较困难，更别说写论文了；一人表明"不想做太多"，恳求给自己少分一点任务；一人抱着"事不关己，高高挂起"的态度，综述东拼西凑，PPT 格式也混乱。作业重任最终落在了组长小林肩上，小林既要完成论文主体内容，还要督促组员，感到既沮丧又无奈。

【案例 4.38】大学生毕业后在职场中缺乏团队协作精神

例如，小刘毕业于某名牌大学，几年的市场实战历练，使他羽翼渐丰。一次，经理让小刘和几个后起之秀共同完成一项市场拓展方案。他花了整整一个星期，细斟慢酌，搞定了"大作"。报告上呈后，经理评价说视野比较狭小，经理又把其他人叫到一起，让他们分别揣摩彼此的方案，最后他们再对各自的方案进行了提炼和总结，形成了一份综合的方案，该方案得到了经理的好评，列为备选的最终方案之一。

二、问题分析

大学生参加集体活动不积极，在团队劳动中"划水""搭便车"或单打独斗等团队精神缺乏的现象折射出大学生劳动观不正的问题。其原因主要有以下五个方面。

一是大局意识缺乏。部分大学生对团队事务漠不关心，拈轻怕重，不愿意出力，只关心个人得失等是大局意识缺乏的主要表现。二是团队协作精神缺乏。部分大学生思想还不成熟，在竞争压力下忽视了团队协作精神的自我培育；部分大学生自我中心意识严重，习惯于单打独斗，缺乏与人团结合作的主动性。三是责任和担当意识不强。部分大学生团队劳动质量不高、效果不好，甚至难以完成目标，往往是责任和担当意识不强造成的。四是高等学校在大学生理论和实践教育中融入团队合作理念不够。高等学校课堂教学和实践训练多偏重专业知识和技能的传授，重视个体素质的培养，淡化了"育人"功能，忽视了大学生团队合作精神的历练。五是家庭对大学生团队合作教育的淡化。在现有教育背景下，家庭往往更看重学生的学业，部分素质教育的目标被弱化，从而淡化了团队合作精神的培养。六是社会环境的消极影响。在市场经济下，竞争与合作已成为现代人际关系的普遍现象。面对日益严峻的就业形势，部分大学生致力于各种荣誉、资格证书、奖学金、申报课题等各类竞争，较少参加团队活动，导致大学生对团队合作的意义理解不深。

三、正观目标

通过对大学生团队精神的培育，引导大学生树立劳动团队观。培养大学生集体主义观念和大局意识、责任感与使命感、团结协作精神，提高大学生沟通协调、合作劳动的能力，提升大学生服务与奉献的劳动境界，塑造其良好的个性人格，助力大学生成长为新时代高素质人才。

四、正观路径

现代社会需要的人才，不但要具备高水平的专业知识和熟练的技能，还必须具有良好的沟通协调能力和团队合作精神。劳动团队观的培养需要充分深入挖掘各类资源，通过多条路径实现。

（一）自我教育途径

一是主动开展自我学习和教育。大学生应端正思想，摒弃个人主义观念，树立团队观的自我培育意识；加强理论学习，为参加团队实践奠定坚实的理论基础。二是积极参加学校和社会实践。大学生通过实践，体验团队合作的重要性，培养交流沟通、团结协作等方面的能力和素质。

（二）理论教育途径

一是重视课程、课堂育人。课程中增设团队合作内容，让大学生通过对"团队合作"理论的学习，系统地认识其内涵与外延，建立起团队合作意识；教师在教学过程中，根据课程特点，融入集体主义和团队合作思想，通过课堂实践、课外作业等形式，让学生参与集体讨论和合作，培养学生团结协作的自觉性和团队精神。

二是开展专题教育。加强思想引领，开展团队精神为主题的活动，邀请企业家、知名校友来校开展讲座，分析当前大学毕业生在求职、就业中团队精神不足的表现，传递团队精神相关信息，通过现身说法，让大学生认识到团队精神在创业实践中的作用。

（三）实践教育途径

一是组织开展多种形式的团队实践活动。高等学校可通过开展球类比赛、知识竞赛、创新创业团队赛等各种团体活动，让大学生在活动中深刻体验团队合作的力量，增强团结协作的意识。鼓励大学生走向社会，参与校外团体劳动，深入城乡社区、福利院等公共场所参加志愿服务，在开展团队实践活动的过程中，提高团队合作能力。

二是充分发挥班级、宿舍、社团载体作用，促进大学生团队观渗透教育。班级要通过开展富有特色的文体比赛、联谊活动等营造积极向上的班级氛围，吸引班级同学参与活动，使他们对班集体产生较强的归属感、责任感和荣誉感，促进班级形成团结合作、互帮互助的良好班风。以宿舍为单位，开展文明寝室评比、才艺展示、知识竞赛等团队活动，既能增进同学情谊、提高沟通协调能力，又能培养大学生团队合作精神。规范大学生社团管理，加强活动策划，鼓励大学生积极参与社团活动，不仅能开阔眼界，提高能力和素质，还能锻炼大学生的团队协作能力。

（四）社会环境途径

社会各机构，尤其是新闻媒体、图书馆、博物馆、文化中心等公共服务机构要大力宣传集体主义、团结协作等主流思想，弘扬社会主义先进文化，为大学生团队意识培育营造积极向上的社会思想环境和文化环境。一是通过各类大众传媒渲染集体主义、团结协作意识氛围，发挥大众传媒传播信息的强大功能；二是深入挖掘各类文化资源，不断丰富大学生集体主义和团队合作教育的内容。

五、正观成效

大学生通过接受劳动团队观的培育，具备沟通协调、团结合作、组织与管理的能力，增强大局意识、集体责任感与使命感，避免因个人的消极懈怠行为影响到劳动进程或劳动效果和质量。其主要成效如下。

一是大学生大局意识增强。在团队劳动中，挥洒个性、表现特长，保证了成员共同完成劳动目标，但在个性发展与团队的利益不一致时，团队成员必须进行自我调整，考虑团队的需要，顾全大局，避免因个人影响团队利益。

二是大学生责任和担当增强。劳动团队观的培育是新时代大学生主动适应社会发展的积极选择，更是对国家的一种责任和担当。大学生通过团队劳动实践锻炼，明确了团队劳动中自身应承担的责任，并自觉认真履行，把责任转化为行动准则，为完成团队共同的目标去努力。

三是大学生沟通和团队协作能力提高。团队精神要通过团队成员沟通、合作来体现，团队劳动从目标到具体的工作细节，需要时时刻刻都沟通交流；为实现团队的利益和目标，团队成员需要互相包容和支持，取长补短，互相协作。大学生在劳动实践中通过与他人沟通、合作协调，消除矛盾与冲突，达成思想上的共识，从而完成劳动任务，实现自我人生价值。

四是大学生团队的组织与管理能力增强。大学生在团队劳动中参与团队组织管理与决策，通过制定工作规则和计划，布置工作任务，与团队成员之间沟通交流与配合，处理突发事件或成员的矛盾冲突等，实现团队组织和管理能力的提升。

第十一节　崇尚劳动奉献观

劳动奉献是指崇尚劳动、乐于奉献、服务他人。重点落在奉献上，反映的是处理个人利益和集体利益、局部利益和全局利益、眼前利益和长远利益的关系时采取舍己为人、无私奉献的价值导向。劳动奉献观与劳动创新观、劳动平等观、劳动学习观等方面内容构成了立意深刻、内涵丰富的新时代青年劳动观，对促进构建社会主义和谐社会、在全社会营造就业创业的良好氛围、培养德智体美劳全面发展的社会主义建设者和接班人，进而实现中华民族伟大复兴的中国梦具有重要的现实意义。

一、案例导入

【案例4.39】大学毕业生劳动奉献观不强

当代高等学校部分大学毕业生中时常存在逃避劳动奉献的现象，如不少大学毕业生不愿到偏远地区、较为贫困的地区工作，不愿参与国家事业的发展；又如个别大学毕业生没有职业规划和奉献精神，学习工作应付了事等，不想肩负社会发展重担；再如个别大学毕业生甚至借防疫政策逃避劳动义务，最终被解雇。

【案例4.40】在校大学生劳动奉献观不强

当代高等学校部分在校大学生中时常存在逃避劳动奉献的现象，如部分在校大学生不愿参与学校组织的各类志愿活动；又如部分在校大学生更在意个人利益而忽略集体利益，不愿成为奉献者，导致成员间关系不和谐；再如部分在校大学生在校期间带着功利心态参与各类社团活动，只为评优评奖，不愿为其他同学和集体做贡献。

【案例4.41】劳动奉献观缺失的功利性志愿活动

校园内劳动奉献观缺失的功利性大学生志愿活动。一大学评选优秀共青团员需要4小时志愿时长，某大学生得知自己仅因为志愿时长未达要求而落选，心中充满了遗憾，于是接下来一年里就做了许多志愿活动且已有70+小时志愿时长。她发现另一现象，在了解清楚志愿时长与学校第二课堂学分转化制度后，身边的许多同学志愿活动会"精打细算"，只要达到加分上限就不会再做志愿活动了。有同学感慨道："今年我也出于兴趣与对乡村支教事业的热爱参加了'美丽中国陪读项目'活动,参加前我是知道活动结束后会发放志愿时长以及志愿服务证书,但是如果仅仅是做志愿而无其他'附加奖励',我不禁问自己:我真的愿意参加这个活动吗?"

【案例4.42】部分大学生反思自己劳动奉献精神不强

有大学生反思:"在日常参与劳动的过程中,我存在劳动担当奉献精神不强的问题。比如说,我很少主动承担劳动任务,缺乏为他人服务的精神,劳动思想觉悟还不够深刻,需要在以后的劳动实践中加以改进。"

二、问题分析

新时代部分大学生缺乏崇尚劳动奉献的精神,是其劳动观不正的表现之一。近年来,我国意识形态领域的斗争愈加激烈,西方各种社会思潮在我国的渗透不断加深,拜金主义、实用主义、享乐主义等错误思想对广大青年的价值取向、思想观念、道德观念产生了消极影响。大学生在前述思想影响下容易养成坐享其成、好逸恶劳、自私自利等不良习惯,主要表现为:一是缺乏劳动奉献精神。不愿积极投身劳动,或者劳动时较为功利而不愿意奉献;好逸恶劳,逃避劳动,享受在前,吃苦在后。二是对劳动者没有崇敬之情,无法自觉践行爱岗敬业、无私奉献的劳模精神。三是对个人、家庭、社会和国家的责任感不强,未能把自身的前途命运同国家和民族的前途命运紧紧联系在一起,努力为共同理想和目标而团结奋斗。四是大学生未认真系统地学习榜样先进事例。"以人为镜",对标榜样,可知新时代大学生虽然或多或少知晓一些榜样的事迹,但并未将榜样的力量内化为自身发展的原动力。

三、正观目标

通过大学生劳动奉献教育,形成以"崇尚劳动、尊重劳动"为价值内核,以"劳动最光荣、劳动最崇高、劳动最伟大、劳动最美丽"为价值指向,以"辛勤劳动、诚实劳动、创造性劳动"为价值遵循的新时代劳动奉献观。旨在激发大学生自愿奉献的精神,使其主动效仿优秀劳动者,同各种好逸恶劳的错误思想彻底割裂开来,时刻警惕不劳而获、投机取巧、贪图享乐等错误观念;引导大学生积极投身劳动,争做新时代劳动精神的传承者,鼓励大学生到祖国和社会发展最需要的行业和地方建功立业。

四、正观路径

2015 年 4 月，习近平在庆祝"五一"国际劳动节暨表彰全国劳动模范和先进工作者大会上发表重要讲话，指出："在我们社会主义国家，一切劳动，无论是体力劳动还是脑力劳动，都值得尊重和鼓励；一切创造，无论是个人创造还是集体创造，也都值得尊重和鼓励。"崇尚劳动、尊重劳动的劳动精神孕育于中华民族创造历史的劳动实践之中，积淀于中华优秀传统文化、革命文化、先进文化之中，是中国特色社会主义教育制度的重要内容。

（一）内化劳动奉献观培养大学生崇尚劳动

一是高等学校培养大学生崇尚劳动要深化产教融合，还要体现时代特征，注重新兴技术支撑和社会服务新变化；二是要通过劳动教育与其他学科的有机结合，立足专业或职业规划，"形成具有综合性、实践性、开放性、针对性的劳动教育课程体系"，确保劳动奉献观全方位融入；三是通过让大学生在参与学校劳动实践、社会义务劳动中切身感受"劳动最光荣、劳动最崇高、劳动最伟大、劳动最美丽"，养成劳动奉献精神。

（二）以榜样的力量铸造大学生崇尚劳动奉献的精神

一是社会、学校、家庭全方位歌颂普通劳动者，增强大学生对劳动人民的感情；二是将崇尚劳动奉献的观念渗透到大学生的日常生活、工作学习中，进而使尊重劳动、热爱劳动、崇尚劳动成为其自觉行为；三是有针对性、有阶段性地发挥各行各业优秀劳动者的榜样作用和独特育人价值。

（三）充分肯定大学生的劳动成果和价值

譬如，建立健全劳动成果的评选和激励机制（如宣传表扬、职务升迁等）并制度化地纳入和谐劳动关系的构建之中。

五、正观成效

大学生是国家的希望和民族的未来，肩负着实现中华民族伟大复兴的重要使命。大学生参与劳动创造并自觉践行爱岗敬业、无私奉献的劳模精神，将自身成长成才与国家民族的前途命运紧密联系，对实现中华民族伟大复兴的中国梦具有重大意义。具体劳动奉献教育成效体现在以下四个方面。

（一）新时代大学生崇尚劳动的精神被激发

劳动奉献精神本是蕴含在崇高的道德境界和高尚的道德情操之中，"最美乡村教师""最美乡村医生""最美消防员"等无数新时代奋斗者都在平凡的岗位上成就不平凡的人生，在劳动奉献中实现人生价值并领悟劳动精神的美。

（二）新时代大学生劳动奉献的责任感增强

通过树立劳动奉献观，大学生从感知劳动的乐趣到体会劳动的光荣，逐步具备到艰苦地区和行业工作的奋斗精神，养成认真负责、吃苦耐劳的品质和职业精神，懂得"空谈误国，实干兴邦"的深刻道理。

（三）优秀劳动者对新时代大学生的影响力增强

从学习、模仿优秀劳动者的光荣事迹，如为家乡脱贫事业奉献自我的黄文秀、为守护高原人民健康奉献一生的老院士吴天一、十七年航空报国的科学家顾诵芬等甘于奉献的榜样事例，再到主动为社会主义事业奋斗终身，最终怀有劳动自立意识和主动服务他人、奉献社会的情怀。

（四）全社会崇尚奉献的精神蔚然成风

中国特色社会主义事业大厦不是由少数人建成的，人民幸福需要靠每一个心系国家、奉献社会的新时代人才聚力创造。遵循教育教学规律，通过教育培养学生以劳动奉献实现小我，成就大我，使劳动创造伟大成为铿锵的时代强音；通过弘扬典型劳模精神、劳动精神，达到让"劳动最光荣、劳动最崇高、劳动最伟大、劳动最美丽"蔚然成风的效果。

第十二节　享受劳动美学观

马克思及其同时代的罗斯金和莫里斯相继提出了"劳动创造了美"、美学要与劳动相结合的思想。随着劳动美学的发展，劳动美学不再局限于研究技术过程或生产过程和美的关系，而是研究劳动活动中的审美关系和美的规律的科学。劳动美学是指研究劳动活动中审美关系和美的规律的科学，包括劳动者的审美意识、劳动过程的审美特征和劳动产品的审美形式等重要范畴，特别以劳动主体和劳动活动的审美属性作为研究的核心。通过劳动美学的研究促进劳动活动中美感的激发和展现,劳动活动进一步成为培育和推动劳动者全面发展的动力。

一、案例导入

【案例4.43】部分高等学校大学生不以劳动为荣为美

部分高等学校大学生毕业后不愿到条件艰苦的地区工作,就业时只挑选轻松的工作或者单纯选择收入较高的行业;甚至"职业歧视",看不起环卫工人、农民工、外卖员等从业者,认为基层服务行业技术含量低,没有成就感;认为体力劳动脏,没有优越感。

【案例4.44】社会生活中时常存在不尊重劳动成果的现象

例如,浪费粮食的现象,地球上每年浪费的食物都超过13亿吨;又如,随意破坏公物,损坏他人劳动成果等;再如,奢靡浪费,"面子"消费。

二、问题分析

劳动美学观客观上决定了新时代大学生的劳动审美感受方向、内容和程度,对学生的劳动实践活动和人类社会历史具有巨大的推动作用。同时,能够激发学生的创造精神,激励他们的崇高感情,唤起他们的想象能力,升华他们的精神境界。上述问题的产生是由于部分大学生的新时代劳动教育价值的审美建构不完整,主要表现在:一是没有塑造正确的劳动美学观。部分高等学校的在校或大学毕业生,存在不愿参加实践劳动、嫌脏嫌累、干活拈轻怕重的现象,劳动成为他们极力逃避的苦难体验,这就很难谈得上在劳动中创造美、体验美和享有美。二是未能感知自身作为劳动主体的美。部分大学生在做职业选择时未将自身发展与社会、祖国发展有机结合,未能明确自身发展目标,找不到个人在社会中存在的价值。三是未能在劳动中发现劳动本身的审美价值,即劳动成果美。"劳动是生命的主体活动,劳动的根本动力是人不断追求自由解放的美学境界",这些现象产生的本质原因是没有主动形成良好的劳动习惯,磨炼过硬的劳动技能,未能将个人追求美好生活的期望置于人类劳动创造美好生活的宏大环境中。

三、正观目标

正确的劳动美学观具备在客观上决定人的劳动审美感受的价值,表现为通过强化劳动美育引导大学生塑造劳动美学观，使其热爱劳动、崇尚劳动，能在劳动中发现劳动本身的审美价值，感知自身作为劳动主体的美，并在形成良好的劳动美学观后将其运用在劳动实践中，进而带动其他大学生投身于劳动。

四、正观路径

引导大学生学会享受劳动、感知劳动带来的喜悦，就是要通过全方位、多路径的劳动美学教育让大学生从体验劳动到享受劳动，从被迫劳动到主动劳动。多措并举引导大学生享受劳动美学。

（一）高等学校系统培养大学生对劳动活动本身审美价值的认知

一是高等学校对大学生开展劳动理念和劳动技能等教育，培养大学生主动探索劳动和美的关系；二是高等学校通过劳动实践着重引导大学生认知劳动创造美、劳动存在美，在劳动中自觉塑造自身劳动美学观。

（二）家庭、学校和社会全方位创造"符合美的规律"的劳动条件

一是提供参与丰富多样劳动活动的机会；二是提供能够激励和影响大学生的劳动效率和身心健康的劳动环境和工具；三是通过鼓励大学生去感知自身作为劳动主体时心灵智能和外在形象上的美感，创造彰显其个人价值的条件。

（三）发挥先进个人调动和激发大学生积极性的作用

一是让个别已形成完善的劳动审美能力和审美趣味的劳动者起到带头作用；二是组建一支健康的、具有高昂热情和蓬勃朝气的劳动队伍，让大学生在积极健康的劳动氛围中收获劳动成果，感知劳动成果美；三是提升大学生劳动获得感，调动和激发其主动完善自身、改造世界的积极性，参与推动人类历史进程不断发展。

三方面的劳动教育路径互为补充、相互促进，教育大学生塑造正确的劳动美学观，用劳动创造"美"，并从中认识到劳动的真善美本质。

五、正观成效

劳动是美的创造过程，"劳动将人改造为审美的主体"，人在劳动中肯定自我。劳动美育，从美学出发，充分发挥了劳动教育树德、增智、强体、育美的综合育人价值，让大学生通过在实现个人对本质力量不断增长的渴望的同时提升自身审美能力，构建起

人的发展与物质生产劳动、内在精神世界之间的良性互动机制。劳动美学教育成效具体体现如下。

（一）大学生切实理解劳动创造美

劳动美育本质上是一种教育活动，通过展示劳动美的价值与人类生存理想的关系，不断塑造大学生的劳动美学观，使其在作为劳动美育客体时热爱劳动、体认劳动不分贵贱，切实理解如环卫工人、农民等体力劳动者也创造了美。

（二）大学生自觉增强劳动审美

从作为劳动审美主体亲历劳动并创造美的劳动成果中获得心理、生理和情感的极大满足，充分释放劳动激情和自觉创造能力。养成了勤俭、奋斗、创新、奉献的劳动精神，通过劳动感知劳动美，如积极参与生产实践、社区志愿工作等。

（三）大学生懂得珍视劳动成果

在收获劳动成果（成绩、奖项等）时获得满足，进而珍视作为劳动主体时自觉地创造的集体力劳动和脑力劳动于一体的实践行动结果。

（四）大学生从劳动中找到归属

大学生在切身体会劳动美学后学会享受劳动，并主动投身于社会主义现代化建设的伟大实践，将自身人生理想融入中华民族伟大复兴的历史进程中，完成其劳动美学观的塑造，成长为能够担当民族复兴大任的时代新人。

学习思考题

1. 如何拥有正确的劳动育人观？
2. 如何拥有正确的劳动价值观？
3. 如何拥有正确的劳动实践观？
4. 如何拥有正确的劳动创新观？
5. 如何拥有正确的劳动创业观？
6. 如何拥有正确的劳动纪律观？
7. 如何拥有正确的劳动安全观？

8. 如何拥有正确的劳动诚实观？

9. 如何拥有正确的劳动团队观？

10. 如何拥有正确的劳动奉献观？

11. 如何拥有正确的劳动美学观？

第五章　劳动教育·育人实践篇

劳动教育实践不等同于专业实习实践、毕业实习和社会实践。目前，高等学校所开设的融入劳动教育理念、劳动精神和劳动素养的劳动教育实践相对较少，劳动教育实践体系也尚未形成。如何有效组织劳动教育实践，已成为高等学校劳动教育能否取得成效的关键。本章分析了当前高等学校劳动教育实践中存在的突出问题，从不同角度对高等学校如何组织好劳动教育实践进行了一些思考和探讨，特别是重点介绍了一些适合高等学校劳动教育实践的方式和路径，提出了劳动教育实践拟解决的育人突出问题和预期效果，回答了不同类型的劳动教育实践培养什么样的人、如何培养人、为谁培养人等一系列问题，系统架构了高等学校劳动教育实践的育人新体系。

第一节　开展耕读劳动教育

2017 年 4 月，习近平总书记在广西考察期间明确指出："农村是我国文明的发源地，耕读文明是我们的软实力"。耕读劳动教育突出强化将中国传统农耕文化教育与劳动教育有机融合，是具有中国特色的"亦耕亦读"劳动教育方式，既要强化耕读文化传承、厚植爱国爱民情怀，又要将教育教学与农业生产实际紧密结合，着力提升学生专业知识水平和现场分析问题、解决问题的能力。

"耕读传家久，诗书继世长。"耕读劳动教育在我国已传承数千年，"农者之耕"奠定了生存发展的基础，"士者之读"涵养了修身立德的素养。"耕"与"读"并行并举、相促相融，在耕作中强健体魄，满足物质需求，体会劳动创造美好生活；在读书中启智润心，丰富精神需求，培铸勤俭、奋斗、创新和奉献精神。新时代耕读劳动教育是加强劳动教育的重要载体，更是弘扬我国耕读传家优秀传统文化的重要抓手，具有树德、增智、强体、育美等综合性育人功能，对培养"知农爱农"新型人才和助力乡村振兴具有十分重要的现实意义。

一、案例导入

【案例 5.1】 "不知农""不事农"的大学生

现阶段部分农林类大学生存在两个问题。一是学生"不知农"问题突出，如张三同学不懂耕地、施肥、播种和田间管理等农事活动，更不知二十四节气和农事谚语，甚至不能区分麦苗和杂草。二是"不事农"问题突出，如李四同学在大学期间参加农业生产劳动实践的时间短、体验少、认识浅，仅有的农业生产劳动知识主要是通过教师讲授和浏览农业网站等途径获得的，而未能真正体验和从事农业生产劳动。

【案例 5.2】 "不为农"的农林类大学生

"不爱农""不为农"问题突出，即便是农林类专业的毕业生学农"不爱农"现象仍较为突出。在针对农林类专业学生就业意愿和就业去向的调查分析显示，只有 28.97% 的大学生选择愿意到农村就业，而能够长期坚持在农村就业的毕业生不到 10%。

二、问题分析

新时代涉农大学生农业生产劳动实践不够甚至缺乏，表现出"不知农""不事农""不爱农""不为农"等问题。分析原因主要有：一是劳动观念不正。部分大学生对马克思主义劳动观认识不深刻，对耕读劳动重要性和劳动价值认可度不高；对新时代劳动育人观认识不深刻，对劳动创造美好生活和劳动不分贵贱的理解不透彻；进而表现出不热爱劳动、不珍惜粮食、不尊重普通劳动者的情况。二是"三农"使命情怀认识不够。大学生对农业农村在国家持续发展战略中的重要性认识不足，耕读劳动意识淡薄，追求享乐，不重视耕读劳动，怕吃苦、不愿意下田耕种；"知农爱农"情怀不深厚，肩负中华民族伟大复兴的历史使命感不强。三是耕读劳动素养不高。大学生开展实际耕读机会偏少，缺乏基本农事能力，不知晓二十四节气以及其与农业生产之间的关系，不会使用劳动工具，有关农业知识和农业生产技能仅仅停留在教材理论层面上，对农作物耕种和田间管理等农业生产劳动技能掌握较少。当面对农业农村复杂问题需要现场分析解决时，方才体会到"江郎才尽""智尽能索"的尴尬，大学生的各方面素养有待进一步提高。

三、耕读劳动教育育人目标

开展耕读劳动教育，让大学生走进农村，走近农民，走向农业，旨在让大学生了解乡情民情，学习乡土文化，掌握通识农作物耕种基本理论知识和技能；引导大学生牢固树立"劳动最光荣、劳动最崇高、劳动最伟大、劳动最美丽"的劳动观念，厚植大学生"知农、爱农、强农、兴农"的劳动素养、农业情怀和文化自信，勇担中华民族伟大复兴的历史使命，培养大学生成长为德智体美劳全面发展的社会主义建设者和接班人。

四、耕读劳动教育实现路径

遵从农作物生长规律，强化农业生产劳动实践与农耕文明传承，让大学生在从事农业农事过程中进行耕读劳动教育，充分发挥新时代耕读劳动教育树德、增智、强体、育美的综合性育人功能，多措并举推动耕读实践育人质量和水平的提升，主要路径如下。

（一）开展耕读劳动思政育人

坚持立德树人根本任务，将思政贯穿于耕读劳动教育始终，恪守为党育人、为国育才职责，准确把握新时代耕读实践内涵，将耕读实践做实、做到位。一是依托思政课程，将马克思主义劳动观贯彻始终，强调劳动是一切财富、价值的源泉。二是依托专业课程，挖掘专业教育资源优势，强化耕读劳动思政育人与专业育人互通互融。三是依托社会各界典型事迹，开展新时代劳动观教育，增强劳动意识，锻造情怀使命。

（二）开展耕读劳动课程育人

结合校情和学情，创新构建耕读劳动教育课程育人体系。将耕读劳动教育与第一课堂和第二课堂紧密配合，与校园文化紧密融合，多维度协同，引导大学生在鲜明导向和潜移默化中汲取耕读文化精髓，夯实耕读劳动教育，提升耕读劳动品质。充分发挥"耕读劳动教育的科学内涵与思考""农业与农耕文化"等课程在育人中的核心载体作用，耕读劳动教育通识课程以中华农耕文明和乡土民俗文化为中心，重点讲授农史农俗、农耕农技、农事节气、乡村振兴和农业现代化等内容，引导大学生学习中华农业文明、农业文化和农业发展史，研读《农政全书》和《农桑辑要》等中华涉农经典著作，紧密对接现代农业发展，助推乡村振兴和强农兴农国家战略。

（三）组织耕读劳动实践育人

耕读劳动实践突出劳动属性，强化创新能力培养，紧密结合现代农业科技、乡村振兴和农业全产业链各环节内容，让大学生深度参与实际生产、实践操作和经营管理。一是要充分利用高等学校和社会资源，面向区域、国家农业农村生产一线和乡村振兴主战场，强化耕读劳动教育与学科专业教育衔接，建立耕读实践育人体系，开展好耕读劳动教育实践。二是要依托产教融合创新中心、虚拟教研室、虚拟仿真实验室和农科教基地等开展耕读劳动生产实践，将农具、农谚和农事节气等知识与农耕、农艺、农机和畜禽养殖等技能融入教学各环节，围绕"三农"构建将学习和生产生活融为一体的"耕读"场景，切实提升大学生的劳动实践技能。

五、耕读劳动教育育人成效

通过组织开展大学生耕读劳动教育，培养新时代大学生成长成才。育人成效主要体现在以下三个方面。

（一）大学生劳动价值观增强

通过参与农业生产，大学生亲身感受到物质财富的创造过程，领悟从简单劳动到复杂劳动、创造性劳动的发展历程，深刻认识到劳动的价值和平凡劳动的伟大，从而领略耕读劳动之美。在这个过程中，大学生的马克思主义劳动观和新时代劳动观相辅相成，大学生的社会主义核心价值观与家国情怀和"三农"情怀相生互融，大学生"崇尚劳动、热爱劳动、辛勤劳动、诚实劳动"的劳动精神得到进一步巩固。

（二）大学生"三农"情怀和农村振兴使命感增强

大学生通过体悟耕读之艰辛，养成勤俭节约习惯，锻造爱家爱国、爱岗敬业、勤劳奋进、坚毅笃行的高尚道德情操和家国情怀，赓续中华优秀传统农耕文化的使命担当意识，牢固树立实现中华民族伟大复兴的使命感和责任感。

（三）大学生综合劳动素养提升

通过耕读劳动教育，大学生掌握水稻、玉米和大豆等通识农作物的耕种和田间管理等农耕技能，学会使用农耕工具，能够独立完成通识农作物的种植、管理和采摘等过程。大学生对中国国情、农耕农事和传统农耕文化的理解更加深刻，对农民勤劳与智慧的敬意更加浓厚，对农业重要性的认同感更加强烈。大学生勤俭、奋斗、创新和奉献的综合劳动素养得到持续提升。

第二节　加强课程劳动教育

课程劳动教育是以课程为载体,把劳动教育纳入人才培养全过程,形成具有综合性、实践性、开放性和针对性的劳动教育课程体系。课程按照相对独立与有机融入的原则进行设置和优化,既包括独立的劳动教育必修课程,又包括结合各学科专业特点有机融入专业课程的劳动教育内容。课程劳动教育将劳动过程中凝结的具有普遍性和时代性的劳动观念、劳动精神教授给大学生,使其在自觉传承劳动观念、弘扬劳动精神中坚定马克思主义劳动观,从而成长为新时代德智体美劳全面发展的社会主义建设者和接班人。

一、案例导入

【案例 5.3】劳动观念不正的大学生

一是劳动意识淡薄,如李某某同学对新时代劳动观的理解停留在表面,主动劳动意识淡薄,平日不学、期末突击,大搞应付式学习,导致学习成绩垫底。二是尊重劳动成果意识薄弱,如张某某同学好吃懒做、作风散漫,不尊重他人劳动成果,不爱护寝室和教室等公共环境卫生,导致同学关系不融洽,综合素质测评成绩差。

【案例 5.4】劳动精神欠缺的大学生

一是吃苦耐劳精神欠缺,如李某某同学缺乏吃苦耐劳精神,贪图享乐,不崇尚劳动,大学毕业后既不升学,也不就业,甘当"啃老族"。二是担当奉献精神欠缺,如张某某同学欠缺奉献精神和服务意识,做事情拈轻怕重,缺乏主动担当意识,不愿意从基层做起,眼高手低、好高骛远,事业长期处于窘迫困境。

二、问题分析

新时代大学生对劳动观念、劳动精神缺乏系统的认知,主要原因有:一是劳动观念不正。当前大学校园生活愈加便捷,尤其是网购、快递和外卖等服务业极易让大学生产生"衣来伸手""饭来张口""不劳而获"的错觉,导致不愿劳动、不会劳动现象时有发生。大学生对"劳动最光荣、劳动最崇高、劳动最伟大、劳动最美丽"的认识不充分、不深刻,很难树立正确的劳动观。二是劳动精神不强。大学生对崇尚劳动、尊重劳动、热爱劳动、辛勤劳动、诚实劳动和创造性劳动等劳动精神内涵的理解不深入,认识不充分，这是受社会风气、家庭教育、学校教育等多方面因素影响造成的。大学生除了应具备满足生存发展需要的基本劳动能力以外，还应不断提升自身专业技能和素养，只有这样才能具备更好地服务人民、服务社会、服务国家的能力。

三、课程劳动教育育人目标

通过参加课程劳动，大学生能够树立正确的劳动观念、培育积极的劳动精神、培养必备的劳动技能、养成良好的劳动习惯。一是引导大学生树立正确的劳动观念。形成奉献社会的劳动主体意识，树立"崇尚劳动、热爱劳动、辛勤劳动、诚实劳动"的劳动精神。二是培养大学生践行和弘扬劳动精神。深刻理解工匠精神、劳模精神的内在含义，传承和发展艰苦奋斗、无私奉献、开拓创新的精神品质。三是提升大学生劳动技能。引导大学生掌握基本生产和生活劳动技能，能基本操作常用劳动工具。四是培养大学生良好的劳动习惯。引导大学生养成良好的劳动习惯，自觉自愿主动参与劳动、诚实规范劳动，珍惜劳动成果，杜绝浪费现象，树立正确的消费理念。

四、课程劳动教育实现路径

课程劳动教育的实施主体是学校，大学生根据高等学校培养方案开设的课程进行劳动课程的修读。各高等学校要深入贯彻落实习近平总书记关于教育的重要论述，围绕"培养什么人、怎样培养人、为谁培养人"这一根本性问题，优化和完善课程布局，根据自身发展实际和办学特色，构建综合性、实践性、开放性和针对性的劳动教育课程实施体系，坚持系统独立设置和有机融入相结合的方式，架构完善的劳动教育课程体系。

（一）开设劳动教育必修课程

高等学校劳动教育课程主要包括三大类：一是劳动教育必修课程。高等学校根据本校办学实际将劳动教育课程作为必修课程,通过学习劳动教育课程学生能够理解和践行马克思主义劳动观，牢固树立"劳动最光荣、劳动最崇高、劳动最伟大、劳动最美丽"的观念。二是"劳动周（月）"实践课程。每学期设置"劳动周（月）"活动，培养大学生树立同时代发展要求相符合的劳动精神，具备满足生存发展需要的基本劳动能力，形成良好的劳动习惯。三是劳动教育类通识专题。邀请校内外专家以"劳动法律法规""劳动安全防护知识""卫生习惯养成及流行病防范"等为主题开展劳动专题讲座。

（二）有机渗透融合劳动教育元素

正如推行"大思政"是通过构建"思政课程"和"课程思政"的课程教育体系一样，新时代的劳动教育也可采取"劳动课程""课程劳动"这一课程教育模式。"课程劳动"即让劳动教育元素有机融入其他课程之中，发挥出劳动育人的价值功能。

1. 劳动教育融入思政课程

充分发挥思政课程主渠道、主阵地、主引擎的积极作用，强化劳动教育的价值引领和品行塑造，充分挖掘思政课蕴含的劳动要素。例如，在"马克思主义基本原理概论"课程中增加马克思主义劳动观的解读，强化马克思主义价值观教育；在"习近平新时代中国特色社会主义思想概论"课程中增加习近平总书记关于劳动的重要论述；在"思想道德修养与法律基础"课程中增加劳动法相关内容。引导大学生掌握新时代劳动教育的实质和内涵，树立正确的劳动价值观。

2. 劳动教育融入专业课程

劳动教育与专业教育相辅相成，两者有机结合，才能实现教育目标的最大化。结合学科专业特色，将学科前沿知识引入专业教学，以学科前沿、产业和技术最新发展推动专业课程教学内容持续更新。开设专业前沿专题，将国内外专业前沿新技术、产业前沿新业态、行业前沿新变化等引入专业教学，持续深化专业知识，拓宽专业视野。

3. 劳动教育融入实践课程

依托教学实践基地优势资源，深挖专业课程中的劳动教育元素，强调全身心参与、手脑并用、亲历实际的劳动实习和实践，培养学生诚实劳动的精神和能力，增强使命感和责任感，将劳动精神内化于心，外化于行。

4. 劳动教育融入耕读劳动教育

依托产教融合创新中心、创新创业实践教育基地、农科教基地和校内农业研发基地开展耕读劳动生产实践，根据专业特点及节气，开展春季造林整地劳动、牧草栽培地整理及播种、水稻工厂化育秧及管理、果树树种识别、经济林种植园整理劳动、花卉栽培整地与播种等耕读劳动教育实践项目，围绕"三农"构建将学习和生活融为一体的"耕读+劳动"场景，切实提升大学生耕读劳动技能。

5. 劳动教育融入社会实践

自觉参与教室、食堂、校园场所的卫生保洁、绿化美化和管理服务等，结合"三支一扶""大学生志愿服务西部计划""青年红色筑梦之旅""三下乡"等社会实践活动开展服务性劳动,强化公共服务意识和面对重大疫情、灾害等危机主动作为的奉献精神。

课程劳动教育主要指通过劳动教育的课程化和课程的劳动教育化构建起劳动教育的现实立体形态。各高等学校办学特色、学科特点、专业优势不尽相同,因此,课程劳动教育的体系也不尽相同。除上述所提到的课程外,劳动教育还可与创新创业教育、就业指导等相结合,在其他课程的教学过程中帮助大学生培育劳动精神,培养激发劳动、热爱劳动的内驱力,实现其他课程的劳动教育化,进而形成各门课程同向同行的劳动育人合力。

五、课程劳动教育育人成效

通过设置独立的劳动教育课程,以及劳动教育与专业课程、社会实践、各类活动等相融合渗透的方式,搭建完备的课程体系,培养大学生劳动观念、劳动精神、劳动技能、劳动习惯,整体提升劳动素养。育人成效主要体现在以下七个方面。一是使大学生能够理解和形成马克思主义劳动观,牢固树立"劳动最光荣、劳动最崇高、劳动最伟大、劳动最美丽"的观念。二是引导大学生掌握新时代劳动教育的实质和内涵,树立正确的劳动价值观。三是培养大学生树立同时代发展要求相符合的劳动精神,让劳模精神、工匠精神入脑、入心。四是培养大学生具备满足生存发展需要的基本劳动能力,形成良好的劳动习惯。五是持续深化专业知识,拓宽专业视野,提高大学生专业劳动技能。六是培养大学生劳动情怀,增强服务国家、社会的使命感和责任感,将劳动精神内化于心,外化于行。七是强化公共服务意识和面对重大疫情、灾害等危机主动作为的奉献精神。

总之,课程劳动教育是新时代劳动教育体系的重要组成部分,在劳动教育中具有重要作用。通过课程劳动这个要素集合体,能推进劳动教育系统化展开,从而有机联结各种教学资源,对学生形成全方位、立体式、持续化的影响,进而真正达到劳动教育课程育人的效果。

第三节　拓展实训劳动教育

2020 年 7 月,教育部印发《大中小学劳动教育指导纲要(试行)》。文件要求,新时代劳动教育应"继承优良传统,彰显时代特征。在充分发挥传统劳动、传统工艺项目育人功能的同时,紧跟科技发展和产业变革,准确把握新时代劳动工具、劳动技术、劳动形态的新变化,创新劳动教育内容、途径、方式,增强劳动教育的时代性"。同时要求,高等学校要"强化马克思主义劳动观教育,注重围绕创新创业,结合学科专业开展生产劳动和服务性劳动，积累职业经验，培育创造性劳动能力和诚实守信的合法劳动意识"。劳动教育与实践教育均具有鲜明的实践性，两者具有天然的亲和力，将劳动教育与实践教育相耦合，能够让大学生掌握专业技能的同时树立正确的劳动观点和劳动态度，达到综合育人的实际效果。

一、案例导入

【案例 5.5】不重视实践劳动，实践能力差

李四对实践能力培养的理解存在偏差，他认为只在寒暑假以及其他时间参加社会实践活动，到单位进行一段时间的实习后，实际操作能力便可以提升，这种错误的观念使得他实际操作能力差，缺乏主动发现、分析并解决问题的能力。

【案例 5.6】不重视实践劳动，协作意识薄弱

张三团队合作意识不强，在开展活动的过程中，沟通能力和团队协作能力有所欠缺。当他们进入用人单位，会出现团队意识不强、缺乏凝聚力的情况。

二、问题分析

大学生实践能力尤其是创新实践能力差的主要表现是实践经验缺乏，动手能力差，主动发现、分析并解决问题能力弱。究其原因主要在于：一是对实践教育认识不足。部分大学生知识本位的学习理念较重，将理论学习、考试成绩看得较重，认为实验实践课程完成过程即可，忽略将理论转化为技能的训练过程。二是参与实践的目的不正确。部分大学生参与实践的主要目的仅限于完成学业学分要求，参加校园活动、创新创业活动等系列能力提升训练的主动性不足。三是参与实践积极性不高。部分大学生参加实践训练以体验为主，实际参与较少，对实习实训采取走马观花甚至跑马观花的方式，不重视实习的真正效果，遇到工作"一看就会，一做就废"的状况时有发生。在工作中只能机械地按照流程操作，无法发现问题、解决问题。

三、实训劳动教育育人目标

实训劳动教育要将专业实验、专业实训和专业实习相结合，形成渐进式立体培养体系。专业实验让大学生进行专业知识技能操练，增强专业兴趣，强化专业认识，提升动

手能力；专业实训让大学生综合运用多种专业技能解决复杂问题；专业实习让大学生深入行业、企业和生产一线，运用专业知识、技能和人际沟通能力解决实际问题。三者相辅相成、层层递进，使实践教学逐渐成为养成良好劳动品质的练兵场。作为专业课堂的延伸，通过实训，大学生能够将"知道"转化为"应用"，从而提高大学生的专业能力和就业竞争力。

四、实训劳动教育育人路径

以专业能力提升为目标、以各级各类实习实训为载体，在实践过程中将劳动价值观有效融入，形成育人合力。通过实训劳动提升专业技能，在实训的潜移默化中养成勤于劳动、乐于劳动、善于劳动的好习惯，最终形成"学习技能—应用强化—提高认识—在学习中强化"的良性循环。

（一）在专业课程中融入实训劳动教育

学习专业知识本身就是一种脑力劳动，学习过程本质上就是一种劳动教育。要充分发掘专业课程中的实训项目，构建不同专业特色的实训内容，在专业课程中培养学生的专业劳动能力，实现专业基础知识与实训能力训练二者联动。高等学校应该充分考虑学校专业设置以及不同专业的特点和要求，在专业人才的培养中重视劳动教育价值导向以及专业劳动知识和技能的培养，探索"专业课+劳动教育"的教学内容和模式，协调知识学习和劳动育人，培养兼具创新精神和实践能力的人才。例如，某大学农学专业组织活动，让大学生走进杂交水稻试验田，让大学生展开水稻品种性状调查，把科学家们甘于寂寞、锲而不舍的劳动钻研精神融入教材和理论讲解中，强调精湛的专业知识和优异的专业能力必须经过孜孜不倦的追求、不断钻研，在反复磨炼中才能得到提高，从而进行劳动观念引导，引起大学生情感上的共鸣。高等学校的各类专业是为满足从事某类或某种社会职业必须接受的训练需要而设置的，因此要紧跟专业属性，强化专业劳动，在人才培养中锻炼专业劳动能力和技能。

（二）在创新创业中融入实训劳动教育

实训劳动教育应紧密联系生产实际，注重培养大学生创新意识、创新精神和创业能力，强化劳动教育的创新育人导向，使劳动教育与创新教育紧密结合，以价值塑造、知识传授和创新能力提升促进大学生全面发展。在创新创业理论课程中，厚植劳动情怀，培养大学生正确的劳动价值观和劳动意识，同时还要培养大学生百折不挠、勇往直前的顽强意志，充分展示新时代劳动精神的丰富内涵。在创新创业实践训练中，依托创新创业训练计划、大学生创业园等平台，构建以项目为驱动的创新创业实践训练体系，让大学生在创新创业实践中增强对劳动教育的情感认同，同时培养大学生团队合作精神和能力，让大学生在团队氛围中学习，能更好地掌握专业技能，建立良好的社会关系，增强融入社会的能力。

（三）在产教融合中强化实训劳动教育

高等学校在人才培养、科学研究、社会服务等方面肩负着重要使命，而产教融合是将产业链与教育链、人才链紧密对接，是推动高等教育内涵式发展的有力支撑。以学生毕业实习、综合实训等为依托，与事业、企业单位开展合作，深化产教融合，共建劳动实践平台，尽可能多地为学生提供实际生产劳动岗位、项目、场所。让学生将所学理论知识应用到生产劳动，直接参与物质财富创造过程，提升实践能力。同时，一线的生产劳动有助于培养学生开放的思维和视野，在体验简单、原始脑力劳动中开发思维，创新劳动新方式、新形式以适应现代脑力劳动、复杂劳动、创新劳动的需求。另外，要高度重视产教融合的效能评价，通过评价反馈，有针对性地改进学校劳动教育。

五、实训劳动教育育人成效

通过系统性实习实训劳动，让大学生能够更多地运用所学劳动知识、技能处理实际问题，提高劳动能力，更好地适应未来职场需要。育人成效主要体现在以下三个方面。

（一）树立劳动意识

通过系统性实训劳动，让大学生在掌握专业技能的同时，形成"崇尚劳动、热爱劳动、辛勤劳动、诚实劳动"的劳动精神，自觉树立积极的劳动意识，形成正确的劳动态度，全面提升职业素质和职业能力。

（二）提升个人能力

在实训劳动中，让大学生了解劳动本身，并让大学生在与他人的合作中形成良好的团队协作能力。同时在劳动中发现个人优势，丰富理论知识和专业技能，提升个人能力，促进全面发展。

（三）更好地适应社会

大学生在实践中解决现实中遇到的新情况、新问题，是一个反复开动脑筋，强化知识储存的过程，能够培养大学生创新思维、能力，为其未来创业奠定扎实的劳动知识，孕育诚信、守法、坚韧、创新的劳动品质。通过实训劳动，可以让大学生更好地理解专业知识，培养大学生的动手能力，体会劳动艰辛伟大，同时也能让大学生更好地认识社会，了解社会的运作规律和价值观念，从而更快适应社会以及社会发展环境。

第四节　坚持实践劳动教育

坚持实践劳动教育是社会主义教育体系的重要组成部分，也是发展中国特色社会主义劳动教育事业的重要途径。坚持实践劳动教育的首要目的在于培育担当民族复兴大任的时代新人，培育新时代经济社会发展所需的人才。坚持实践劳动教育必须坚持为党育人、为国育才的价值导向，不仅要重视文化知识的传授，还要注重劳动技能的习得，为全面建成社会主义现代化强国夯实人才之基。同时大力弘扬劳动精神、劳模精神、工匠精神，让大学生领悟到"以辛勤劳动为荣、以好逸恶劳为耻的劳动观"的精神内涵，认识到劳动的高尚不会随着劳动形式和劳动岗位的变化而变化。

一、案例导入

【案例 5.7】在校大学生

例如，不少在校大学生不愿参与劳动实践活动，认为劳动是对自身的一种惩罚方式；又如，不少在校大学生不愿参与志愿者服务工作，认为服务工作不高尚、不光荣；再如，不少在校大学生在寝室打游戏，不上课，养成了好逸恶劳、耽于享乐的坏习惯。

【案例 5.8】大学毕业生

例如，不少大学毕业生错误地认为不同劳动形式和劳动岗位有高尚程度差异，缺乏正确的劳动观；又如，不少大学毕业生认为从事体力劳动不如脑力劳动光荣，对从事体力劳动者不尊重；再如，不少大学毕业生缺乏艰苦奋斗的精神，养成坐享其成的不良习惯，在择业过程中被淘汰。

【案例 5.9】流于形式的大学生劳动实践

某高等学校大三学生刘某，寒假社会实践课题为"互联网时代物流的运作模式调查"，需要去居委会调研，但遭到当地居委会拒绝。居委会工作人员向记者表示，他们往年也接待过几批假期来从事社会实践的大学生，但有些大学生的做派让人感觉不舒服。这些大学生根本不肯俯身做事，多数喜欢摆花架子，习惯挂标语、拍照片，忙没有帮上却给他们添了乱。这位工作人员的话，从一个侧面反映了当前大学生假期实践中存在的问题——浮在表面，流于形式，招致基层单位的反感。

二、问题分析

大学生对实践劳动教育理念认知不足的主要原因有以下几方面：一是大学生对实践劳动认知不够。淡化劳动、轻视劳动，对劳动的认知还停留在体力劳动层面，甚至把劳动看作一种惩罚方式。二是大学生缺乏以辛勤劳动为荣、以好逸恶劳为耻的劳动观。因此，要大力倡导劳动精神、劳模精神、工匠精神。三是大学生认为劳动的高尚会随着劳动形式和劳动岗位的变化而不同。四是大学生缺乏"坚定劳动成就共同富裕"的新理念。共同富裕只有全国人民通过辛勤的劳动才能实现。五是大学生养成坐享其成、不劳而获的不良习惯。因此，要进一步树立"幸福生活都是奋斗出来的，共同富裕要靠勤劳智慧来创造"的劳动价值理念，坚决反对好逸恶劳、享乐主义、拜金主义等思想和行为。

三、实践劳动教育育人目标

一是通过坚持实践劳动教育，培养"爱劳动、会劳动、懂劳动"的时代新人。实践劳动教育的目标导向不仅体现在营造劳动光荣的社会氛围上，而且还体现在增强大学生社会主义劳动文化自信上。为破除大学生轻视劳动的社会问题，必须彻底改变传统的劳动教育模式，重筑劳动光荣的社会风尚。换言之，劳动教育不能简单地进行大学生职业技能培训，而应将大学生劳动精神的培育贯穿劳动全过程，进而使全社会都能尊重劳动者及其劳动成果。

二是通过坚持实践劳动教育，培养符合高质量发展要求的专业人才。面对风起云涌的世界大变局，为适应我国由制造大国向制造强国迈进的时代需求，我国要培养更多的具有高素质、高技能的大学生，而解决这一问题的关键前提就是要开展好实践劳动教育。

四、实践劳动教育实现路径

（一）坚持多渠道参与实践劳动教育

一是大学生认真参与实践劳动必修课程，积极听取劳动模范的光荣事迹，领悟劳动崇高、劳动光荣的主流价值观，从而养成正确的劳动观念和劳动精神。二是大学生积极融入校园实践劳动文化建设，积极参与劳动实践活动，确保劳动教育的真实性。三是大学生积极开展社会实践劳动活动，积极到各企事业单位的社会实践场所进行劳动锻炼。四是大学生定期参与社区帮扶劳动实践活动，将劳动教育理论与劳动实践相结合，推动形成爱岗敬业的优良劳动精神。

（二）坚持选择适合自身发展的实践劳动教育

我国正在努力推动大学教育普遍化，学科种类不断增多，不能将实践劳动教育面向学生实施"一刀切"。一是大学生应根据自身的学科专业选择相应的实践劳动教育内容。二是大学生在劳动教育的过程中应始终坚持具体问题具体分析的原则，对不同的劳动内容、劳动形式形成自己的见解。三是大学生应将能力和专业知识运用到劳动实践中，同时将专业向喜爱的劳动岗位靠拢，从而有利于提高大学生的就业水平，进而推动我国人力资源的高效利用。

五、实践劳动教育育人成效

实践劳动教育在培养大学生综合素质方面具有显著的成效。具体表现在以下三个方面。

（一）大学生的责任意识和团队协作能力增强

通过参与实践劳动教育，大学生能够亲身体验到劳动的辛苦和价值，从而增强对劳动的尊重和敬意。在劳动过程中，大学生需要承担一定的责任，并与他人协作共同完成任务，这有助于培养大学生的责任意识和团队协作能力。

（二）大学生的实践操作能力和创新能力提高

实践劳动教育注重大学生在实际操作中学习和掌握劳动技能，使大学生在理论学习的基础上，能够将所学知识应用于实际操作中。此外，实践劳动教育还鼓励大学生在实践中发现问题、解决问题，激发大学生的创新思维，培养他们的创新能力。

（三）大学生的良好品格和职业道德提升

实践劳动教育要求大学生遵守劳动纪律，尊重劳动成果，关爱劳动者。通过参与实践劳动，大学生能够养成吃苦耐劳、勤奋刻苦的品质，培养良好的职业道德。这对大学生将来进入社会、担任各种职业角色具有重要意义。

总之，大学生领悟新时代劳动教育观精髓，才能实现高质量的劳动教育，将劳动教育有效融入树德、增智、强体、育美的全过程。

第五节　建设劳动文化教育

校园文化是学校文化体系中的重要一环，具有互动性、渗透性、时代性和传承性的特点，在劳动教育中有着潜移默化的规范、引导作用。校园文化凝聚着学校的历史传统和特色，体现学校的文化定位，对学生的影响是持久性、渗透性的。在校园文化中植入劳动观念、劳动情怀，是贯彻"三全育人"重要环节，有利于树立正确的劳动观，提升劳动素养。

目前，高等学校的劳动教育体系尚未健全，校园文化作为高等学校开展劳动教育的重要手段尚未得到充分利用，校园文化建设对劳动教育的支持作用尚未得到充分展现。加强建设高等学校劳动文化教育，有利于强化大学生的劳动意识，增强参与劳动活动的信心和勇气，也是高等学校实现全方位育人的重要内容。

一、案例导入

【案例 5.10】学校方面

近年来，部分高等学校把校园文化建设等同于校园物质文化建设，注重校舍的漂亮、造型的讲究、设施的完善等，但却忽略了物质环境所应承载的大学精神。这导致高等学校的物质环境建设脱离了学校发展过程中所应秉承的劳动理念和劳动精神。单单为建而建的景观，建筑再漂亮也不是真正意义上的物质文化环境，从而失去了物质文化建设对高等学校加强劳动教育的根本意义。

【案例 5.11】学生方面

当代部分高等学校的部分大学生有如下表现：学风不浓，心浮气躁、浅尝辄止；上课迟到，缺课旷课；考风不正，考试时带小抄，有的把答案抄写在墙壁上，有的抄写在课桌上等，作弊手法花样百出。

二、问题分析

校园文化作为高等学校开展劳动教育的重要抓手还未充实利用好，校园文化建设对劳动教育的支撑作用还未充分显现。分析原因主要有以下两个方面。一是崇尚劳动的氛围不足。校园文化与劳动教育的融合度不高，未充分利用校园宣传阵地这一重要抓手。二是活动的主题和内容与劳动教育结合不紧密。校园文化活动是校园文化的组成部分，也是学校的"隐形课堂"，丰富多彩的校园文化活动能够使大学生劳逸结合，保持身心健康，提高学习效率，而这些活动主要偏娱乐，启迪性不足，思想引领的作用不够。

三、劳动文化教育育人目标

通过将校园文化建设与劳动教育结合，旨在从学校的物质、精神、制度、行动等方面为大学生营造浓烈的劳动氛围，引导大学生形成良好的劳动习惯，培养大学生热爱劳动的素养。一是培养大学生树立正确的劳动价值观和良好的劳动品质；二是培养大学生甘于奉献的精神品质；三是培养大学生吃苦耐劳的劳动精神；四是开展相关的劳动主题活动，为大学生营造积极向上的劳动氛围；五是增强大学生面对重大困难、应对突发事件的危机意识，培养大学生的服务意识和责任担当；六是以"劳动+社团+竞赛"等为载体，让大学生从知到行，形成一种自觉实践行为，提升大学生的劳动素养。

四、劳动文化教育实现路径

充分利用校园文化的导向、陶冶、凝聚和激励功能，开展与劳动教育相关的一系列校园文化艺术活动，营造劳动教育文化环境，主要组织方式如下。

（一）加强引导宣传

紧跟时代发展大势，着眼学校发展实际，创新宣传引导方式，充分利用学校官网、官微、宣传栏、电台广播、视频号等各类宣传平台，将劳动教育融入校园文化建设中。

（二）开展专题讲座

举办劳动大讲堂，邀请行业精英、劳动模范、农民企业家、大国工匠和优秀党员等开展专题讲座，发挥行业精英、劳动模范、大国工匠等的典型模范作用。

（三）举办文化艺术活动

持续开展与劳动教育相关的文化艺术活动，如"劳动文化艺术节""中国传统节日手工制作文化节""插花艺术进校园"等精品主题文化艺术活动，打造具有影响力的校园文化品牌。

（四）开展主题纪念日

依托学雷锋纪念日、五一国际劳动节、世界志愿者日等主题纪念日，加大校园崇尚劳动、尊重劳动元素的融入和展示。

（五）举办志愿服务

利用各类重大公共突发事件，因势利导对大学生进行劳动教育，鼓励大学生积极参加志愿服务和公益活动。

（六）举办以劳动为主题的竞赛项目

以学生党支部、团支部为抓手，积极开展劳动相关的社团活动、竞赛，如各专业劳动技能大赛、与劳动相关的主题辩论赛等，让大学生身体力行地感受到劳动就在身边，持续提升育人实效。

各高等学校文化建设与劳动教育建设的融合情况不同，其可根据自身的情况进行加强和拓展，其主要目的是利用校园文化建设，营造立体式的、浓厚的劳动教育氛围，使大学生深刻领悟劳动教育内涵，让劳动精神入脑、入心、入魂。

五、劳动文化教育育人成效

将劳动精神与校园文化建设相结合，既培养大学生良好的劳动习惯，又提升热爱劳动的素养。育人成效主要体现在以下五个方面。

（一）大学生劳动观念增强

将劳动教育融入校园文化建设中，与培养和践行社会主义核心价值观相结合，引导大学生正确理解马克思主义劳动观，准确把握劳动精神和奋斗精神的实质与内涵，树立正确的劳动价值观和良好的劳动品质。

（二）大学生劳动精神增强

让大学生近距离接触"行业精英、劳动模范、大国工匠和优秀党员"等典型模范榜样，感悟爱岗敬业、艰苦奋斗、甘于奉献的劳模精神和默默奉献的优秀精神品质。

（三）大学生劳动意识提升

营造劳动教育文化环境，让劳动精神成为大学生的思想、情感、价值共识；通过开展相关的劳动主题活动，形成积极向上的劳动氛围，从而提升大学生的劳动意识。

（四）大学生公共服务意识增强

通过利用公共事件进行针对性的劳动教育，增强大学生的防范风险意识、忧患意识，强化社会责任与担当，培养大学生的服务和奉献精神。

（五）大学生劳动素养增强

积极开展劳动技能大赛、劳动相关主题辩论赛等活动，让大学生身体力行地感受到劳动就在身边，形成一种自觉实践的行为，培养劳动习惯，提升劳动素养。

总之，文化具有传承性的特点，一经形成就会被他人模仿、借鉴，产生一定的扩散效应。通过校园文化建设而实现的劳动教育，能够在校园内形成崇尚劳动的浓厚氛围，氛围一旦形成，学生即使不专门接受劳动实践，也会受到氛围的熏陶和感染，从而潜移默化地达到育人功效。

第六节　投身管理劳动教育

马克思主义劳动观认为，劳动是人类全部社会关系形成和发展的基础，劳动是促使社会历史发展的根本推动力量。中国特色社会主义新时代所需的劳动，既包括体力劳动，也包括脑力劳动。习近平总书记指出："在我们社会主义国家，一切劳动，无论是体力劳动还是脑力劳动，都值得尊重和鼓励；一切创造，无论是个人创造还是集体创造，也都值得尊重和鼓励。"在当前科技发展的大背景下，现代科技日新月异，劳动形态发生了巨大变化，出现了现代科技、管理与服务劳动。

管理劳动着重从管理与服务角度培养新时代大学生科学有效的组织、管理与服务等综合能力。本节主要从"课程育人""小班+校（院）社团+学校职能部门""政府职能部门"管理劳动实践三个层面,阐述新时代大学生分别作为助理、社团干部和小班班(支)委角色,如何进行管理劳动的教育实践,以达到重点提升学生组织应变能力、管理服务意识和创新思维的目标。

一、案例导入

【案例5.12】学校职能部门助理岗位作用有限

高等学校管理服务职能部门在负责学校相关具体事务过程中,往往会因为人手不够、工作量大,以及各类重复性的工作多等原因,面临诸多困难。学生助理岗位的设立,为大学生提供了参与校园管理服务的机会,同时也能够缓解部门工作压力。在劳动中,大学生既能够获取少量的经济报酬,也提高了自身工作管理的能力。但大学生助理从事的事务大多是一些简单重复性的事务,这使得学生助理在高等学校职能部门中的作用有限,学生本人也难以得到更全面的劳动历练。

【案例5.13】学校(院)学生组织劳动参与度低

有关调查显示,大学生除了以助理角色主动在学校职能部门劳动实践外,还有约六成的本科生参与过学校(院)学生会和社团组织管理服务工作。小到一般会议的召开,大到综合类活动的筹办,从组织策划到具体实施,再到后续收尾等劳动工作,虽可培养大学生更加全面的办事能力,但相关劳动工作却主要集中在几个部门的主要负责人和少部分干事身上,而其他学生干部(干事)会比较"清闲",致使部门全体成员参与度低,存在"挂名"现象。

【案例5.14】小班班(支)委主观劳动意识渐弱

专业小班近30%的学生会担任班(支)委干部。大一刚入学时,绝大部分干部的管理劳动诚恳认真,主观能动性强。在协助班主任(或辅导员)管理小班事务过程中,减小了班主任的管理压力,也提高了大学生自主管理能力等,充分培养了大学生的管理劳动能力。但随着年级的升高,学业压力的增加,班上同学主动担任班委干部的积极性大幅减弱,甚至出现临近毕业的小班无人愿意担任小班干部的情况,小班凝聚力也随之减弱。

二、问题分析

管理劳动教育的关键在于实践。在高等学校,相关管理服务职能部门、学校(院)学生组织以及专业小班,均能为大学生提供参与管理劳动实践和增强学生综合素质的平台,但也存在"岗位少""固定难""参与度低""主观劳动意识弱"等问题,分析原因主要有:一是岗位设置范围、数量有限。一般学校职能部门助理岗位需求限于学校的教务管理、学工管理、宿舍管理、后勤服务等,如党政办、组织部、人事处等部门一般很少设置。另外,总体岗位数供小于求,难以使更多大学生获得历练的机会。二是岗位人员难固定。由于职能部门对临时助理岗位需求多于固定岗位,以及学生自身学业安排,同一助理岗位,人员难以得到较长时间的固定;加之一般在高等学校,聘用后的学生助理很难接受专业系统的培训,这使得其在工作中上手慢、不熟悉办事流程,对于职能部门来说,学生助理工作质量不高,有效发挥助理作用的空间有限,同时导致学生助理本人无法通过劳动得到全面的锻炼。三是选拔学生助理(干部)形式较单一。高等学校选拔学生助理(干部)模式基本都是以大学生推荐和民主投票为主,选拔出来的都是平日表现较为优秀的大学生,或是某些具有特长的大学生。而那些成绩不出众、平常不够活跃的大学生就很难有机会参与到管理劳动工作中,很大程度上限制了更多大学生的才能施展。四是个人利益大于集体利益问题突显。比起能学到什么,有些大学生更关心"报酬多少""第二课堂加分""保研/考研"等,如此一来,易造成大学生在管理劳动中心态上的偏颇,影响工作的开展,难以达到提升实践育人质量和水平的效果。

三、管理劳动教育育人目标

管理劳动教育是劳动教育的重要内容之一,其教育实践是以增强学生管理与服务劳动能力,提高创新思维,培养组织协调应变能力,修正学生劳动价值取向,增强学生劳动意识为主题的综合性实践活动。积极组织、鼓励学生参与学校管理服务工作,不仅可以提高学校管理服务效率,而且可以培养大学生自立自强的精神、提高创新管理的能力和服务劳动意识,使大学生养成热爱祖国、热爱劳动人民、乐于奉献的高尚品格。

四、管理劳动教育实现路径

管理劳动教育的全面渗透可以借助"课程育人""小班+校（院）社团+学校职能部门""政府职能部门"劳动实践多维度、全方位育人平台，切实提升高等学校管理劳动教育，理论与实践相结合，以学生为中心开展育人教育。主要有以下三种途径。

（一）开展管理劳动教育课程育人方式

高等学校结合自身专业教育资源优势，一是依托课程思政，将"管理学原理""人力资源管理""管理思想史"等管理方面专业课程进行融合，使马克思主义劳动观始终贯穿在管理服务课程中，坚持立德树人，使学生懂得"管理服务的本质在于'一切为了人民''更好地为人民服务'思想"。二是挖掘校本资源，结合校外优势资源，加强学生管理理论知识与专业技能的学习，如邀请校内职能部门优秀管理服务老师、校外优秀企业管理人员进课堂。

（二）完善校内管理劳动教育育人实践平台

管理劳动教育的关键在于实践。在新形势下，高等学校应该开创一个以大学生为主体的管理体系，让大学生能够进行自我治理。在管理过程中充分发挥大学生的管理服务能力，让大学生在实践过程中感受管理劳动的艰辛，树立正确的劳动理念和劳动价值取向。优化专业小班，校（院）学生社团组织和学校相关管理服务职能部门学生岗位设置及轮换机制，适当扩大范围职能部门的学生参与度，定期选拔更换学生管理服务者，同时设立相应的优秀劳动者奖项，对优秀管理服务学生干部给予相应的奖励，以提高更多大学生参与的积极性。

（三）搭建政府职能部门社会实践桥梁

高等学校内与政府管理服务职能部门在劳动实践中存在差异。高等学校可与政府相关职能部门建立良好的学生参与社会管理服务社会实践的输送渠道，成为其筛选优秀后备挂职（学生）干部的"造血库"。

五、管理劳动教育育人成效

通过组织开展大学生参与的管理劳动教育，培养新时代大学生服务意识和服务能力，促进大学生更好地适应社会。育人成效主要体现在以下三个方面。

（一）大学生管理服务意识增强

管理服务的民主化、人本化、专业化已成为高等学校管理劳动育人的准则。高等学校通过积极引导、鼓励大学生自主、民主参与学校职能部门、学生组织和小班管理服务工作，激发大学生的民主参与意识，使大学生更加尊重劳动成果和热爱劳动人民，体力与脑力劳动并重，形成以劳动为荣的先进思想，同时更进一步促进大学生对"劳动"一词的理解。

（二）大学生管理服务能力提升

通过校内的管理劳动实践，在一定程度上缓解了大学生与高等学校之间的管理矛盾，变被动管理为主动参与的同时，更多的是大学生的自我管理和自我服务能力得以提高，更能在其学习与日常生活中发挥主体地位，不断完善自我。

（三）大学生社会适应能力提高

通过参与社会管理服务实践，大学生能够更加全面地了解政府相关职能部门的运作模式，让大学生找出自身条件与社会实际需要的差距，并在以后的学习过程中及时补充相关专业知识，为求职做好充分的知识、能力准备，从而缩短从校园走向社会的心理转型期，为更快适应社会奠定坚实的基础。

第七节　创造环境劳动教育

在当前社会，大学生劳动教育面临着一些问题，如家庭过度溺爱、学校劳动教育课程设置不足、社会实践机会有限等。这些问题使得大学生对劳动缺乏认识和参与，影响了他们的全面发展。因此，从家庭、学校、社会三个层面共同创造环境推动劳动教育，产生"1+1+1>3"的效果显得尤为重要。

一、案例导入

【案例 5.15】好逸恶劳的在校大学生

大学不同于中学，其本身管理较为宽松、自由，加上现在信息传播早已突破空间地域限制，大学生受到社会文化大环境的影响越来越深刻，造成校园环境中多元文化交织并存，削弱了劳动主流思想观念在大学生群体中的正向感染力，进而影响正确劳动价值观的建立，如现实中"一夜暴富""不劳而获"等错误思想带来的冲击。

【案例 5.16】不珍惜劳动成果的在校大学生

部分大学生劳动观念缺位，不爱劳动，不会劳动，不珍惜劳动成果，缺乏劳动责任，缺少劳动意识，导致宿舍环境脏乱无序、教室校园随意丢弃垃圾、食堂饭菜浪费等现象时有发生。

二、问题分析

造成以上问题的主要原因在于：一是没有养成良好的劳动习惯。由于日常生活技能的缺乏，未进行过系统的劳动训练，没有形成良好的劳动习惯和品质。二是没有树立正确的劳动观念。随着信息化数字化时代的到来，互联网迅速发展，大学生接收信息渠道多样，但分辨能力较差，容易受到外界不良信息的侵扰，无形中滋生不劳而获的不良心理。

三、环境劳动教育育人目标

家庭、学校、社会三个层面形成教育合力，创造劳动教育全面开展的实施氛围，家长通过言传身教，让大学生认识到劳动的价值和意义，树立正确的劳动观念，形成尊重劳动、热爱劳动的良好品质。学校要营造人人都有劳动教育职责、各门课程都有劳动教育功能的氛围，形成全员、全过程、全方位加强劳动教育的格局。通过劳动教育，大学生能够掌握一定的劳动技能，提高自我服务能力和适应社会发展的能力。社会作为大学生学习成果检验的试金石，更多的实践机会可以培养大学生的责任感、团队精神、创新意识等，促进其全面发展。

四、环境劳动教育实现路径

劳动教育环境的营造离不开家庭、学校和社会的共同参与，家庭劳动教育是基础，学校是主导，社会是支撑，三者从各自角度为大学生创造良好的劳动教育环境。开展环境劳动教育可通过以下途径。

（一）发挥家庭在劳动教育中的基础作用

家庭是第一学校，家长是第一任老师，家庭要为大学生参加日常劳动提供更多的机会。一是家长树立正确的劳动观念，以身作则，为大学生树立良好的榜样。二是家庭分配适当的家务劳动任务，让大学生参与家庭劳动，培养其良好的劳动习惯。三是引导大学生认识劳动的价值，教育其尊重劳动，热爱劳动。

（二）发挥学校在劳动教育中的主导作用

通过加强劳动教育课程设置、丰富实践载体、营造浓厚的劳动教育校园文化等手段，为大学生创造更多的劳动教育环境。一是将劳动教育纳入课程体系，设置相应的劳动教育课程，让大学生在课堂上学习劳动知识和技能。二是依托学校的校内实践基地、图书馆、食堂、医院、超市等，开展丰富多样的日常生活劳动、服务性劳动、生产劳动等实践活动，让大学生在实践中体验劳动、感悟劳动。三是充分发挥榜样引领作用。高等学校教职员工中不乏劳动能力优秀、劳动素养深厚的教育者。不仅实现传道解惑，更以切身劳动行为感染学生、以身作则、言传身教，激励大学生树立正确的劳动观念，培养良好的劳动品质。四是搭建劳动教育合作平台，促进家庭、学校、社会共同参与劳动教育。

（三）发挥社会在劳动教育中的支撑作用

社会资源是最生动的训练场，能够给大学生提供广泛的实践机会和平台，在劳动教育中起着支撑作用。一是政府、企事业单位、乡镇、社区、社会组织等提供实习、实践、志愿服务等机会，让大学生有更多参与劳动的途径。二是加强社会对大学生劳动教育的关注和支持，形成良好的社会氛围。

五、环境劳动教育育人成效

集家庭、学校、社会之力构筑的环境，劳动教育其育人成效主要体现在以下六个方面。

（1）树立正确的劳动价值观。通过家庭、学校、社会的共同努力，大学生能够认识到劳动的价值和意义，形成尊重劳动、热爱劳动的正确观念，为未来的职业生涯和社会生活打下坚实基础。

（2）形成正确的劳动习惯。参与劳动教育，使大学生从日常小事做起，养成良好的劳动习惯，增强自主生活能力，培养自律、勤奋、坚韧等品质。

（3）提高劳动技能水平。通过劳动教育课程和实践活动，大学生能够掌握一定的劳动技能，提高自我服务能力和适应社会发展的能力。

（4）培养责任感和团队精神。参与劳动教育，让大学生学会承担责任，增强团队协作能力，为未来的工作和生活奠定基础。

（5）增强创新意识和实践能力。劳动教育有助于培养大学生的创新意识，提高其实践能力，为社会输送更多具有创新精神和实践能力的优秀人才。

（6）提升大学生综合素质。劳动教育有助于培养大学生的人格品质，提高其综合素质，使其在知识、能力、品质等多方面得到全面提升，为未来的发展奠定坚实基础。

第八节　组织服务劳动教育

组织服务劳动是新时代党对教育的新要求，是中国特色社会主义教育制度的重要内容，是全面发展教育体系的重要组成部分。马克思主义劳动观认为，人不仅凭借劳动满足最基本的生存需要，实现社会财富的创造和积累，也要通过劳动来实现人的自由本质。劳动不但创造了人的物质生活，也充盈着人的精神世界，使人得以成长。服务劳动是以提供非实物、不能储存的劳动成果而区分于生产劳动的，是在人类劳动发展过程中产生的特殊劳动形态，同样具有重要的育人功能。服务劳动教育是由学校有计划、有目的地组织大学生参加各种校内外服务性劳动，大学生通过动手实践锻炼意志、磨炼性格，养成正确的劳动价值观和优良的劳动品质。

一、案例导入

【案例5.17】在日常生活中参与服务劳动的主动性不强

日常生活中蕴含了多种类型的、最为常见的服务性劳动场景。例如，许多大学生在校内倡导文明生活中的环保行动、节俭行动；又如，部分大学生到社区中开展弱势群体关照行动等。但许多志愿者多是跟随学院组织或社团组织，在参与活动过程中的能动性较差，自己根据社会现实需求开展服务活动的主动性不强。日常生活实践中蕴含的各种服务劳动内容，要求大学生将仪式性、宣传性的服务劳动落实到生活化的场景中，在细微的服务劳动中体现社会价值，也是微观层面的社会责任感的体现。只有大学生将服务劳动蕴含的劳动价值落细、落小、落实，才能将服务劳动精神从个体传播到群众中，实现有效的劳动价值教育。

【案例 5.18】在公共危机事件中参与服务劳动的积极性不高

部分大学生虽然也积极参与到公共危机事件中，但参与面不广，积极性不高，没形成稳定的、规模化的服务团队，同时专业性也不够强。参与服务劳动志愿者肩负"共患难、共承担"的使命，同时也是社会责任的承担者。社会公共危机对服务劳动产生迫切的需求，而其中的风险性、艰巨性、紧迫性对服务劳动提出了实力、毅力等较高的素质和品质要求。因此，公共危机中的志愿服务者，通常需要怀有"聚沙成塔""各尽所能""鼎力协作"等积极的服务劳动心态，同时具有专业知识和技能，才能有助于公共危机的消除。

二、问题分析

大学生对马克思主义劳动观认识不足，缺乏吃苦耐劳的精神。服务劳动是劳动的一种表现形式，应当等同生活劳动和生产劳动，受到同样的鼓励和尊重；同时摒弃服务劳动无价值、无意义的错误思想，反对坐享其成、不劳而获的社会风气；倡导通过劳动创造美好生活、实现人生梦想的优良劳动精神。

三、服务劳动教育育人目标

通过参与服务劳动，旨在培养大学生树立正确的劳动价值观，获得服务劳动技能水平。一是培养大学生领悟"坚持自力更生，保持艰苦奋斗"的深远意义。二是培养大学生改善精神面貌，树立正确的服务劳动价值观。三是培养大学生养成良好的服务劳动习惯。四是培养大学生发扬中华民族敬业奉献、诚实守信、砥砺奋进的优良传统。五是培养大学生养成良好的劳动品质，能够自觉自愿、安全规范、认真负责参与服务劳动。六是培养大学生获得服务劳动技能水平。

四、服务劳动教育实现路径

（一）大学生服务劳动实践组织内容

通过多样服务劳动组织实践，引导和培养大学生的社会责任感和奉献精神，提高学生对生存意义和社会价值的认识，为未来自觉服务社会、服务他人奠定基础。主要组织内容：一是大学生参与各类教育、医疗、科技等服务，利用知识、技能等为他人和社会提供服务。二是大学生参与社区公益服务工作，为小孩和老人提供生活帮助，同时树立服务意识，锻炼服务技能。三是大学生自觉参与教室、食堂、校园场所的卫生保洁、绿化美化和管理服务等，增强社会责任感。四是大学生积极参与"三支一扶""大学生志愿服务西部计划""青年红色筑梦之旅""三下乡"等社会实践活动，积极开展服务性劳动，强化公共服务意识。

（二）大学生服务劳动实践平台支撑

一是建立健全开放共享机制，特别是充分利用学校和企业的实训实习场所、设施设备，整合资源为高等学校劳动教育提供所需要的场所，如高等学校可安排一批土地、山林、草场等作为农学专业学生服务劳动实践基地，确认一批厂矿企业作为工科专业学生服务劳动实践基地，认定一批城乡社区、福利院、医院、博物馆、科技馆、图书馆等事业单位、社会机构、公共场所作为服务劳动基地。二是推动学校逐步建好配齐劳动技术实践教室、实训基地，充分挖掘校内其他能够提供服务劳动实践的地点，如图书馆、超市、食堂等学习、生活场所，丰富劳动教育资源。三是充分利用更大场域，如乡镇基层各类学校、贫困地区、西部计划服务地点等，开展"三支一扶""大学生志愿服务西部计划""三下乡"等社会实践活动，用榜样的力量激励大学生到艰苦地区锻炼，在基层服务人民，强化社会责任感。

（三）大学生服务劳动实践组织机构和人员

一是高等学校作为服务劳动教育的实施主体，对服务劳动教育进行整体设计，并形成服务劳动教育实施的工作机制。二是高等学校成立领导工作小组，校领导担任组长。三是明确高等学校教务部门牵头负责服务劳动教育的组织协调、整合社会资源、培训师资、强化过程管理、完善总结评价等。

（四）大学生服务劳动实践组织师资力量

服务劳动教育具有综合性、实践性、连续性的特点，因此合理的服务劳动教育教师队伍结构应该专兼结合。一是明确大学辅导员和班主任担任责任主体和劳动教育教师职责。他们是劳动实践课程的主要实施者，也是劳动教育"三全育人"的主导者与协同者，还是劳动教育师资的最主要来源与培训培养的对象。二是配齐劳动教育课程教师，保持教师队伍的专业性和稳定性。三是充分发挥社会实践指导老师的作用，利用党团组织和学生社团等各方面的力量，合力开展劳动教育实践活动。四是整合社会资源，聘请行业专业人士担任劳动实践指导教师。

（五）大学生服务劳动实践组织安全教育

高等学校要把服务劳动实践中的安全教育作为组织实施的重要内容，强化大学生服务劳动安全意识，同时建立健全服务劳动安全保障体系。一是在实践活动开始前，组织对大学生进行安全知识培训，使大学生了解并掌握相关安全规定和操作要求，提高自身安全防范意识。二是对参与实践活动的大学生进行安全责任分配，明确每个大学生在实践活动中的安全职责，增强大学生的安全责任感。三是在实践活动过程中，加强对大学生的安全监督和指导，确保大学生按照规定和要求进行实践活动。四是建立健全实践活动安全事故的预防和应急处置机制，确保在发生安全事故时能够迅速、妥善地进行处置，减少安全事故对大学生的影响。五是加强与实践基地的沟通和联系，确保实践基地具备安全保障条件，为大学生提供安全、健康的实践环境。六是建立劳动教育风险分散机制，鼓励购买劳动教育相关保险。无论大学生选择以上何种服务劳动实践组织方式，最重要的是通过参与服务劳动实践，培养大学生从身体力行的实践中获取经验与知识，理解劳动价值，领悟中华民族艰苦奋斗的伟大精神，强化社会责任感。因此，服务劳动实践是应该鼓励和支持的劳动实践方式，大学生应当结合自身优劣势，选择适合自身发展的服务劳动方式，同时在服务劳动实践中树立安全意识，养成良好的劳动品格。

五、服务劳动教育育人成效

通过大学生服务劳动实践活动，可以取得以下育人成效。

一是增强大学生的社会责任感和公民意识。通过参与服务劳动，大学生能更好地了解国家和社会的发展需求，培养爱国主义精神，增强为国家和人民服务的使命感。

二是提升大学生的实践能力和服务能力。服务劳动实践活动为大学生提供了丰富的实践场所和实践资源，有助于大学生将理论知识与实际操作相结合，提高解决实际问题的能力。

三是培养大学生的团队协作能力。在服务劳动实践中，大学生需要与他人合作完成任务，培养团队协作精神，提高沟通协调能力。

四是锻炼大学生的意志品质。服务劳动实践往往需要大学生在艰苦的环境中工作，有助于培养大学生吃苦耐劳、勇于担当、敢于创新的精神品质。

五是塑造大学生的人文情怀。通过参与服务劳动，大学生可以更好地理解和体验不同群体的生活和文化，培养大学生的人文关怀和社会责任感。

大学生参加服务性劳动实践，是参与劳动教育重要的组织环节。对培养大学生劳动观、劳动习惯和劳动品格有着重大意义。大学生通过参与服务性劳动，养成艰苦朴素、吃苦耐劳的美德。同时能够促进大学生智慧的发展，大学生在服务实践劳动中能够锻炼动手能力，促进脑部思维与肢体劳动相结合，使人心灵手巧。还能够提升大学生专业技能水平，有效将理论知识与实践相结合，提高专业技能和水平。

第九节　参加科研劳动教育

科研劳动是具有劳动能力的人，使用一定的劳动工具，使劳动工具作用于一定的劳动对象，为社会创造有价值的东西，科研劳动为人类创造了精神和物质财富。科研劳动以脑力劳动为主，同时在不同程度上与体力劳动紧密结合，兼具创新性、创造性、复杂性、艰苦性和持久性等特点。因此，通过参与科研劳动，大学生能够牢固树立"劳动最光荣、劳动最崇高、劳动最伟大、劳动最美丽"的观念；体会劳动创造价值，培养艰苦、奋斗、创新和协作的劳动精神。党的二十大报告指出："教育、科技、人才是全面建设社会主义现代化国家的基础性、战略性支撑。必须坚持科技是第一生产力、人才是第一资源、创新是第一动力，深入实施科教兴国战略、人才强国战略、创新驱动发展战略，开辟发展新领域新赛道，不断塑造发展新动能新优势。"科研劳动通过依托现代科技平台，培养新时代科技人才，科技人才深挖创新潜力助推现代科技高速发展。发挥教育衔接科技和人才的重要作用，是建构"教育、科技、人才"三位一体战略布局的有效途径。新时代大学生科研劳动实践教育，本质上是对大学生知识、能力和素质全方位的塑造，是劳动教育实践创新的重要方式之一。新时代大学生需要在科研劳动实践中提升科研创新技能，强化科研创新使命，提高科研创新能力，锻造科研创新素养，逐步成长为引领新时代创新发展与德智体美劳全面发展的社会主义建设者和接班人。

一、案例导入

【案例 5.19】创新能力不足的大学生

部分大学生创新性思维和创新能力不足，导致其在参与科研劳动过程中，过度依赖指导教师的科研思路，主动思考、自主解决问题的能力不足。

【案例5.20】劳动价值观不正的大学生

如张三同学参与申请并通过了大学生创新训练计划项目，但在项目实施遇到困难和挫折时，他却选择了躲避甚至是放弃，然而当看到项目组其他成员通过努力获得论文或者专利成果时，要求署自己的名字。

【案例5.21】使命担当不强的大学生

部分大学生在申请进入教师实验室和科研团队时，满怀激情、斗志昂扬地要通过科研劳动提升自身能力，然而在经历了平淡的基本知识和技能学习阶段后，忘记了初心、忘记了使命、忘记了责任担当，意志不坚、心思不专，逐渐淡出实验室，导致实验室人力、物力和财力的浪费。

二、问题分析

新时代大学生科研劳动创新能力不足、劳动价值观不正、使命担当不强，分析原因主要有：一是创新观不强。部分大学生对基础知识和技能掌握不够扎实，缺乏积极主动的创新欲望，虽然能够发现一些科研问题，但是在利用知识和技能解决问题时的创新性思维和操控能力不足，缺乏创新的信心和勇气；新时代大学生的生活条件优越，艰苦奋斗、敢闯敢拼的精神不强，面对困难勇于拼搏的意识薄弱，获得成功的欲望不强烈。二是劳动观不正。部分大学生对马克思主义劳动观和社会主义核心价值观认识不深刻，对科研劳动创造物质财富和精神财富的体认不足，对新时代劳动观理解不清晰，对科研劳动创造未来，推动科技发展的认同感不强，进而造成大学生的新时代劳动观不正。三是科研使命担当的责任心不强。部分大学生对党的二十大报告提出的"教育、科技、人才是全面建设社会主义现代化国家的基础性、战略性支撑"这一重要论断的认识不足，对深入实施科教兴国和人才强国在国家持续发展战略中的重要性认识不够，一些创新能力突出的大学生容易以自我利益为中心，集体主义荣誉感淡薄；而另一些创新能力薄弱的大学生对自我能力不自信，肩负中华民族伟大复兴的历史使命感和担当精神不强。

三、科研劳动教育育人目标

让大学生走进实验室，开展科研劳动，旨在让大学生充分了解科学研究和科技创造未来的潜在魅力，学习科研思维、强化创新意识、提升创新能力、锻造创新精神，掌握科学研究的基本理论知识和技能；引导大学生牢固树立"科教兴国、人才强国、创新驱动发展"的发展战略，养成"劳动最光荣、劳动最崇高、劳动最伟大、劳动最美丽"的科学劳动观，勇担实现中华民族伟大复兴的历史使命和责任担当，实现新时代德智体美劳全面发展。

四、科研劳动教育实现路径

遵从教育发展规律和人才创新能力成长规律，强化科研劳动实践，让大学生在从事科学研究过程中接受劳动教育，充分发挥新时代科研劳动树德、增智、强体、育美的综合性育人功能，多措并举提升科研劳动育人质效，主要通过以下路径。

（一）开展科研劳动思政育人方式

坚持以立德树人为根本任务，将科研创新理念和创新意识培养融入科研劳动实践始终，准确把握"为谁培养人、培养什么人、怎样培养人"的关键核心要素，将正确的政治方向、价值取向、学术导向有机融入科研实践全过程。一是将社会主义核心价值观思政课程和学科专业课程紧密结合，将马克思主义劳动观贯彻始终，强调科研劳动在创新、创造物质财富和精神财富中的重要作用。二是邀请社会各界学术、技术专家和精英到高等学校开展专题讲座，发挥典型模范带动效应，结合专业教育资源优势，推动科研劳动思政育人与专业育人的互通互长。

（二）开展科研劳动实践育人方式

科研劳动实践突出创新、创造、复杂、艰苦和持久等属性，在强化创新创造能力培养的同时，紧密结合现代科技、现代产业链条各环节内容，规范合理设置适合大学生参与的科研劳动实践活动，让大学生深度参与具有一定挑战性、创新性、实操性和短期可见性的科研劳动。一是开展大学生科研兴趣培养计划，广泛覆盖各专业领域的大学生，以让大学生接触科研、培养兴趣为目的，强化科研劳动教育与学科专业教育衔接，建立科研兴趣培养育人体系。二是组织开展大学生创新创业训练计划，持续培养大学生创新创业精神和能力，鼓励有较强的创新创业意识和有一定科研经验的大学生参加到项目中，依托国家级学科专业实验室，配备学术水平和造诣高的指导教师，带动培养大学生的学术思想和创新意识。三是以国家级和省级基础学科拔尖学生培养基地建设为契机，依托高等学校、科研院所和技术型企业的国家级现代科技园区和重点实验室，以培养拔尖创新型人才为目标，以高水平科研项目吸引极具创新思维和潜能的大学生投入到科研劳动中，围绕未来高科技产业发展急需的痛点、难点、堵点设置科研劳动场景，让大学生尽早接触研究生学习生活，实现本硕博贯通式培养，培养新时代拔尖创新人才。

五、科研劳动教育育人成效

通过组织开展大学生科研劳动实践教育，着力培养新时代大学生创新能力，树牢大学生科学正确的劳动价值观，铸造大学生实现中华民族伟大复兴的使命担当。育人成效显著，主要体现在以下三个方面。

（一）增强大学生创新能力和创新意识

通过开展科研劳动教育，让大学生提早进入实验室进行科研活动，将自己学到的理论知识应用到相应的科研项目中，培养了大学生基础实验技能、综合设计能力、分析和解决问题的能力，同时挖掘潜能，激活创新思维和创新意识，增强了大学生创新信心和科研情怀，培养了大学生艰苦奋斗、敢闯敢拼、勇毅前行的精神品质，大学生创新能力和创新意识的创新观得到进一步强化。

（二）树牢大学生的劳动观和价值观

通过开展科研劳动实践，大学生深刻理解了新时代劳动观，对科研劳动创造未来、推动科技发展的认同感得到进一步强化。在此过程中，大学生的马克思主义劳动观与新时代劳动观相互促进，社会主义核心价值观与科研劳动价值观相生相融，从而使大学生的劳动观、价值观和人生观得到进一步树正、树牢。

（三）培铸大学生的使命感和担当精神

科研劳动实践给大学生创造了融入实验室或与课题有联系的企业进行科学研究的机会，引导大学生在导师和企业的课题研究中锤炼科研品质，在科技攻关中培养创新能力、在服务国家战略中厚植爱国情怀、在面向重大需求中实现卓越成长，强化了赓续传承艰苦奋斗、攻坚克难的使命担当意识，牢固树立了实现中华民族伟大复兴中国梦的使命感和责任感。

总之，参加科研劳动教育实践是高等学校特别是科研型大学、教学科研型大学开展劳动教育的重要组织方式，通过科研反哺教学，创新科研支撑教学活动方式，为新时代劳动教育理念植入大学生头脑提供了有力支撑。

学习思考题

1. 在高等学校能尊重、热爱和实践的劳动有哪些方式？

2. 在高等学校有哪些实践劳动是基于大学生劳动教育共性问题设计开展的？

3. 在高等学校有哪些实践劳动是基于大学生劳动教育个性问题设计开展的？

4. 参加高等学校实训劳动教育活动，大学生受到劳动教育的提升效果是什么？

5. 试述我国坚持劳动教育实践活动应该从哪几个方面不断优化？

6. 试述服务性劳动的社会价值和意义是什么？

7. 高等学校组织服务性劳动，需要注意的问题有哪些？

第六章　劳动教育·育人铸魂篇

对大学生的培养，说到底就是对大学生进行具有铸魂内涵的劳动教育。本章主要以劳动教育"铸魂六器"为主题阐述。

何为"育人铸魂"？所谓"魂"指人"思想的精髓，优良的品格，崇高的精神"。育人铸魂意为用冶炼、熔铸、锤炼、雕琢的铸金方式形象比喻培养人、锻炼人和造就人。育人铸魂重在培养构建人的精神支柱，包括理想、信念、道德和情操。

大学生劳动教育为何要育人铸魂呢？新时代大学生责任重大，肩负强国建设和中华民族伟大复兴光荣使命，而大学生的培养须强化育人铸魂，才能培养成长为堪当历史大任的时代新人，才能成长为德智体美劳全面发展的社会主义建设者和接班人。

大学生劳动教育究竟铸什么魂？加强大学生劳动教育，重点是培养大学生"胸有情怀、骨有精神、血有文化、脑有素养、心有奋斗、体有实干"，培养大学生成为拥有"铸魂六器"内涵的时代新人。

怎样通过劳动教育实现育人铸魂呢？一是树立劳动教育育人铸魂理念。劳动教育能提升新时代大学生的责任感与使命感，能培养大学生的正确劳动观，实现劳动教育育人铸魂效果。二是创新劳动教育育人铸魂理论。以问题为导向，提炼出大学生劳动教育"铸魂六器"育人理论体系。三是开设高质量的劳动教育育人铸魂课程。高等学校开设大学生劳动教育课程，目的是通过劳动教育对大学生铸魂，防止部分高等学校只简单开设成为劳动课程，对大学生的培养仅进行劳动而未教育。四是坚持劳动教育育人铸魂实践。高等学校的劳动教育既要创新理论教育，更要在大学生培养过程中坚持实践育人，以劳动实践实现育人铸魂。五是融入新时代大学生综合素养。高等学校依托劳动教育课程的育人功能，融入大学生人才培养全过程，通过劳动教育铸魂有效提升大学生的综合素养。

第一节　热爱劳动·胸育情怀

"情怀"是一种情感或情绪的内在表达，通常用来描述人的"高尚的心境、情趣和胸怀",因此情怀是一种感情、一种心境、一种情趣和兴致,更是一种胸怀。对大学生进行育人铸魂的内涵劳动教育,聚焦"劳动情怀"主题,重点培养大学生具有崇尚劳动,热爱劳动、尊重劳动,且能长期坚持和投入劳动的劳动情怀,对所从事岗位劳动始终保持热爱。

一、案例导入

【案例 6.1】在校大学生

不少大学生不愿努力学习,对所学专业、行业热爱不够,总想申请转专业,然而由于无法满足条件,不能转专业,于是只想应付完成学业,导致学无所成;或是急功近利,干任何事都不专一,只想从中捞到暂时的好处,造成学业荒废不能按时毕业。

【案例 6.2】大学毕业生

不少大学生海外留学毕业后没有回国为祖国建设做出贡献,而是留在国外继续工作和生活;还有一些大学生进入企业单位后,不仅没有从事所学专业相关工作,还把情怀和赚钱完全搞混了、搞乱了,为钱做了很多事情,同时,也被考核指标、提成这些商业因素控制住了,失去了过往的清澈、纯真,没有了工作激情和情怀。

【案例 6.3】爱国情怀

"两弹一星功勋奖章"获得者钱学森从交通大学机械工程系毕业后到美国学习,毕业之后留在美国任教,1950 年准备回国时,被美国官员拦住,并将其关进监狱 14 天,最后经过周恩来总理与美国外交谈判上的不断努力,钱学森才得以于 1955 年艰难回国。回国后,他积极投身到火箭和导弹的研制工作中,深入一线,在恶劣的环境中投身科研劳动、试验尖端科技武器,体现出浓厚的专业情怀和职业情怀,他克服重重困难、放弃美国的优越工作和生活环境也要艰难回国显示出了高尚的爱国情怀。

二、问题分析

劳动情怀不够是目前部分大学生劳动教育存在的主要问题之一。对于新时代高等学校的大学生,以上诸如案例 6.1 和案例 6.2 表现固然有多种原因,但是分析其主要原因是新时代部分大学生对从事职业或学习工作乃至国家建设的情怀不够或不深,对劳动理解不深刻或尚有偏见。这主要是因为：一是对劳动认识的责任与使命感不强。例如，部分大学生对劳动认识站位不高，对劳动不够热爱。受社会舆论中的享乐主义、个人主义和其他负面示范等不良思潮影响，部分大学生容易产生投机冒险心理。二是在劳动中攻坚克难意志不强。例如，部分大学生吃苦耐劳精神不够，不能坚持劳动，没有认识到做任何一件事都需要付出劳动，而成功更离不开持续的劳动付出和劳动情怀。三是劳动担当奉献精神不强。例如，部分大学生总想不劳而获或走捷径，无法在充满挑战和艰难的事业中坚持下去。四是劳动观不正。例如，部分大学生劳动价值观还不成熟，有的大学生受到家庭、社会和时代的影响，人生观、价值观和世界观都发生了很大的变化，对某种事物的热爱、兴趣和感情往往很难持久，做一件事常常会由于各种主客观原因而半途而废。又如，部分大学生出现劳动偏见观，受传统文化中的等级观念、尊卑观念以及现代劳动教育的不足等影响，部分大学生对劳动产生了偏见。

三、育人目标

通过强化劳动教育，培养大学生"热爱劳动·胸育情怀"，引导大学生牢固树立"劳动最光荣、劳动最崇高、劳动最伟大、劳动最美丽"的劳动观念。具体讲就是培养大学生胸有情怀，表现出无论从事何种劳动，都能主动提高站位，胸怀祖国，服从国家和社会发展需要，立足当前从事岗位职责，能表现出即使吃较多的苦、受更多的累，也仍然能无怨无悔、竭尽所能干好所从事的相关工作，努力为国家、社会和家庭做出更大贡献。

四、育人路径

情怀的种类有很多，通过劳动教育可以培养大学生正面的、积极的、高尚的情怀。

（一）正确理解劳动和情怀的关系

鼓励大学生积极劳动。劳动不仅需要劳动情怀，也能培养劳动情怀。比如，大学生下乡支教是源于一种教育情怀，但是在教书育人的过程中，面对天真无邪的学生和淳朴自然的乡村气息，会油然而生一种乡村情怀，进而会更加坚定进入乡村开展教育的决心。

（二）强化劳动教育理论学习培养劳动情怀

一是培养大学生的劳动意识、责任与使命感。理解劳动创造人、劳动创造生活、劳动创造幸福、劳动是通往成功的必经之路的道理。明白劳动没有高低贵贱之分，都值得被尊重，劳动不分大小，都值得被鼓励，劳动是一切价值的创造者。二是认识劳动情怀是劳动者对劳动的一种感情。劳动情怀是建立在对劳动正确认知的基础上，经过长期实践而逐步形成的、升华为个人价值观层面的、较为稳固的劳动态度、劳动情感、劳动品德、劳动习惯、劳动价值观等内容的总称。三是理解劳动情怀的内涵是理想信念、道德传承的具体反映，是健全人格、崇高品质的重要组成部分，也是树立自身高远志向的思想基础。

（三）坚持劳动教育实践锻炼培养劳动情怀

一是在劳动教育中，通过实践锻炼，认识不同劳动的特点，了解不同行业的特色，能够培养多种情怀。二是劳动的过程是创造的过程，是思维发生变化的过程，面对不同的环境、人和事物，人会产生不同的情感，通过反复地认识、实践、再认识，就形成了不同的情怀。三是"实践出真知"，只有在劳动的过程中才能深刻认识事物的本质，真切体会到自己的兴趣和情怀所在，才能激发最强大的动力并付诸行动。

（四）发挥劳模精神引领示范作用培养大学生劳动情怀

一是在劳动教育中，以劳动模范、"时代楷模"、大国工匠、伟人业绩等作为引领示范，引领大学生树立正确的劳动价值观，培养崇高的情怀。二是以大学生身边的人和事为典型案例，强化宣传，建立良好的学习氛围，引起大学生共情，潜移默化地培养劳动情怀。

总之，培养大学生热爱劳动、胸育情怀，离不开劳动教育理论和劳动实践的双重路径。理论加深认知，实践培养情感，在劳动教育中，强化劳动情感教育，并与社会实践、实习实训、创新创业等相结合，加强榜样的示范引领，树立热爱劳动、自主投身劳动、尊重劳动的品质，才能培养大学生更深厚的劳动情怀、专业情怀、爱国情怀等。

五、育人成效

（一）培养新时代大学生热爱劳动胸有情怀

劳动教育成效的关键指标之一是受教育者培养了劳动情怀，能够使受教育者即使面对最简单的劳动也能长期坚持耐心做好，即使最复杂的劳动也能长期坚持细心做好，即使最辛苦的劳动也愿长期坚持奉献做好，即使最艰苦的劳动也能长期坚持努力做好，即使最满意的劳动还能长期坚持创新做好。

（二）培养新时代大学生拥有多样情怀

一是培养新时代大学生拥有国家情怀，如民族情怀、爱国情怀、家国情怀等；二是培养新时代大学生拥有行业情怀，如教育情怀、科研情怀、"三农"情怀、医学情怀、石油情怀等；三是培养新时代大学生拥有职业情怀，如教师情怀、医生情怀、律师情怀等；四是培养新时代大学生拥有专业情怀，如动医专业情怀、农学专业情怀、法律专业情怀等；五是培养新时代大学生拥有集体情怀，如家乡情怀、母校情怀、班级情怀等；六是培养新时代大学生拥有其他情怀，如公益情怀等。同时，能够以情怀为内在驱动，促使大学生认真做好每一件事，塑造良好的综合素质。

第二节　强化劳动·骨育精神

"人无精神则不立，国无精神则不强。""精神"是人脑高度组织起来的产物，是在社会实践的过程中产生的观念和思想产物，能给予人巨大的力量。劳动精神具有丰富的理论内涵，包括崇尚劳动、尊重劳动人民的价值理念，热爱劳动、奋发向上的精神风貌，辛勤劳动、勇于创造的行为自觉，诚实劳动、埋头实干的道德追求。党的二十大报告强调："在全社会弘扬劳动精神、奋斗精神、奉献精神、创造精神、勤俭节约精神，培育时代新风新貌。"本节聚焦"劳动精神"主题，重点强化新时代大学生劳动认识、养成劳动自觉。

一、案例导入

【案例 6.4】全社会弘扬新时代劳动精神

2020 年 11 月，习近平总书记在全国劳动模范和先进工作者表彰大会上指出："在长期实践中，我们培育形成了爱岗敬业、争创一流、艰苦奋斗、勇于创新、淡泊名利、甘于奉献的劳模精神，崇尚劳动、热爱劳动、辛勤劳动、诚实劳动的劳动精神。"

【案例 6.5】大学生缺乏劳动精神的表现

随着社会的高速发展，部分大学生缺乏劳动精神。一是在校大学生。例如，部分大学生平时不学习，或者不能长期坚持学习，存在考前突击、考试作弊等现象。又如，部分大学生存在畏难情绪，遇到困难不是想办法解决，而是想办法逃避。二是大学毕业生。例如，部分大学毕业生没有吃苦精神，对工作期望过高，或者是毕业而不就业，长期待业。又如，有些大学生就业后，为追求高薪随意毁约或者遇到一些困难就放弃，频繁跳槽等。还有部分大学生吃苦耐劳精神不够或是担当奉献精神不够，对劳动持抵触态度，不愿通过劳动锤炼身心和磨炼意志，劳动精神、工匠精神等缺失。

【案例6.6】劳动奉献精神典范

"马班邮路"王顺友是一名普通的邮递员，坚守岗位20年来，他在雪域高原跋涉了26万公里，相当于绕地球赤道6圈。他每年投递报纸8000多份、杂志700多份、函件1500多份、包裹600多件；他靠着一个人、一匹马从未延误过一个班期、丢失过一份邮件报刊，投递准确率达到100%，即便被马踢伤了肠子，他也咬着牙坚持把邮件送到乡亲们手中。王顺友用实际行动诠释了劳动精神的内涵，他的工作并不复杂但也烦琐，并面临泥石流、江上溜索突然断裂的危险，然而他却用认真负责的敬业精神、专业精神和奉献精神做到了零失误和准时达。

【案例6.7】劳动精神的榜样

乡村教师张桂梅、火箭"心脏"焊接人高凤林、"蛟龙"号上的"两丝"钳工顾秋亮，他们都是奋战在一线的最普通的劳动人民，也是伟大教育事业和航天航海事业中的一颗普通"螺丝钉"。他们不仅拥有崇尚劳动、热爱劳动的劳动价值观，也有艰苦奋斗的劳动精神。他们的无私奉献和兢兢业业的敬业精神诠释了新中国劳动人民最鲜明的特色，是值得大学生学习的劳动榜样。

【案例6.8】攻坚克难精神不够

有大学生反思："大多数事情，只愿意干简单的，不愿意深入了解，遇到稍微困难的事情就想找人帮忙解决，在发现特别困难以后可能直接放弃。"初高中时，这一问题多体现在学习上，遇见不擅长的科目就不学，致使偏科严重；碰到难题就不做或跳过，导致成绩平平。上大学后，这一问题影响了更多方面。譬如，在做科研时，碰到读不懂的文献就略过；在写小组作业时，只选择自己会做或熟悉的内容；在做学生社团工作时，将自己不会的工作分给他人或糊弄了事。

二、问题分析

劳动精神不强是新时代大学生劳动教育过程中存在的主要问题。对于新时代大学生来说，以上案例表现固然有多种原因，但也与当代高等学校缺乏足够的、成体系的劳动教育有关，大学生没有接受系统的劳动教育，也没有形成正确的劳动价值观，导致对劳动持抵触态度，不愿通过劳动锤炼身心和磨炼意志，劳动精神、工匠精神等缺失。新时代部分大学生总想不劳而获或走捷径，无法在充满挑战和艰难的事业中坚持下去，劳动担当奉献精神不强，导致无法成功。

三、育人目标

通过强化劳动教育，旨在培养大学生热爱劳动的精神，使新时代大学生骨子里闪耀着劳动精神。培养大学生"崇尚劳动、热爱劳动、辛勤劳动、诚实劳动"的劳动精神；激励大学生养成"爱岗敬业、争创一流、艰苦奋斗、勇于创新、淡泊名利、甘于奉献"的劳模精神和"执着专注、精益求精、一丝不苟、追求卓越"的工匠精神等。培养新时代大学生成长为劳动精神强和德智体美劳全面发展的社会主义建设者和接班人。

四、育人路径

强化劳动教育，培养劳动精神，帮助大学生形成正确的劳动观念以及良好的劳动素质，促进新时代大学生德智体美劳全面发展，推动国家创新发展以及中华民族的伟大复兴。主要育人路径如下。

（一）组织开设劳动教育课

在专业课和公共课中融入劳动知识，在各类校园文化宣传活动中设置劳动教育专题，通过劳动观理论、劳模案例、大国工匠事迹以及大学生身边的优秀案例传递劳动的内涵、价值和意义，耳濡目染引起大学生对劳动的情感共鸣和认可。增强大学生劳动意识、激发劳动情感、形成劳动认可，强化大学生劳动精神的培养。

（二）发掘劳动精神教学资源

在劳动教育的过程中，弘扬以伟大建党精神为源头的中国共产党人精神谱系，用好红色资源。深入挖掘分析学校、家庭和社会中的劳动资源，汇成探索精神、科学精神、工匠精神等丰富的劳动教学资源，让大学生在生活、学习、工作中都能亲身体验劳动的艰辛与乐趣，培养劳动精神，锤炼奋斗精神、拼搏精神。

（三）强化劳动精神教学重点

一是从理念认知上，引导大学生尊重劳动、热爱劳动、崇尚劳动，保持积极的劳动态度，以足够的热情投入劳动，体会劳动成果的珍贵，享受劳动后的满足。二是思想观念认知上，使大学生牢固树立"劳动最光荣、劳动最崇高、劳动最伟大、劳动最美丽"的观念，能够发现劳动过程中的美，在追求劳动结果的过程中追求过程的美。三是实践行为上，激励大学生辛勤劳动、诚实劳动、创造性劳动，在劳动过程中发挥自身主观能动性，在劳动过程中革新思维、敢闯敢试、勇于探索、开拓创新。

（四）强化劳动精神教育实践

加强劳动实践活动，培育大学生劳动精神。在这一过程中，勤俭是基石，奋斗是支撑，创新是关键，奉献是归宿，四者相互承接、彼此贯通，统一于劳动教育的实践过程。通过理论结合实践，认知结合情感，精心设计劳动教育课程和内容，丰富劳动教育的形式，充分发挥实践锻炼对劳动精神培养的显性作用，在劳动的过程中增强劳动意识、激发劳动情感、锤炼劳动意志、培养劳动能力、养成劳动自觉。

五、育人成效

经过劳动教育，强化了大学生的劳动意识，明白了劳动在社会发展和实现个人价值中的重要意义，培养了充满正能量的劳动精神，以及"攻坚精神""吃苦精神""创业精神""敬业精神""奉献精神"等多种积极向上的劳动相关精神，使大学生能够克服重重困难、不拈轻怕重、不怕吃苦、不怕累，踏踏实实地认真劳动、自觉劳动。

精神是支配人类劳动的重要因素，可以给予人巨大的力量，精神上越富有的人，越能战胜困难，越能成就伟业。劳动精神的培养，不仅能提升大学生的道德品格和精神境界，增强大学生自立、自强、自信的意识，也能激励大学生不断参与实践活动，更能激励大学生主动创造和改变世界，践行社会主义核心价值观。

第三节 培养劳动·脑育素养

"劳动素养"主要指大学生在学习与劳动实践过程中，逐步形成的适应个人终身发展和社会发展需要的正确价值观、必备品格和关键能力。培养劳动、提高素养需要通过劳动实践过程的不断学习和锻炼，感受劳动价值与乐趣，形成科学的劳动观，养成良好的劳动品质。本节聚焦"劳动素养"主题，重点发掘劳动的快乐和意义，培养尊重劳动和从事劳动的品质，并以劳动教育提升综合素养。

一、案例导入

【案例 6.9】劳动素养不够的大学生

某大学开展耕读劳动教育，按照 5～6 人一个小组进入劳动基地开展农业活动，一个小组为一个团体完成一组插秧的任务，为了尽快完成任务，小组需要进行合理分工，同时要求每一个同学都必须下田劳动实操。其中有些小组的同学看见农田的泥土和泥水怕脏，于是找各种借口和原因请求不下田。当其他同学顶着烈日、忙碌插秧的时候，这些同学却在水田旁玩手机，还将其他同学劳动的图片拍下来发朋友圈。

【案例 6.10】优秀劳动素养典型案例

"85 后"胡振球 10 年间从一个没技术的农民工，成为首批"上海工匠"并被评为全国劳动模范，靠的就是踏踏实实干活、认认真真学习。他下班后就到单位职工书屋进行学习，经常看书到深夜，一遍又一遍地重复看和记录，短短几个月，从钣金工、钳工、车工到打磨工，胡振球便掌握了车间几乎所有工种的操作技巧。随后，又经过系统学习新知识，通过反复研磨和实践，首创了"卸料抑尘装置技术"。胡振球用实际行动证明了扎实的理论知识是创新的前提，勤奋学习和创新实践不仅提高了他的劳动技能，也在无形中逐步提升了他精益求精的科学素养和专业素养。

二、问题分析

劳动素养不够是新时代大学生劳动教育培养存在的问题之一。对于新时代高等学校的大学生，劳动素养的缺失或不足与他们的错误劳动观有关，也折射出劳动教育的欠缺。古时，我国文人就有轻视劳动的现象，更加重视智力教育和知识教育，现代教育中也存在部分重文凭和分数的现象，而忽视了劳动实践的重要性。此外，高等学校忽视劳动教育、安逸舒适的成长环境、随处充斥着科技的现代社会等也导致了大学生在成长历程中缺乏劳动教育和培养劳动素养的土壤，因此才会出现案例 6.9 中不愿意参与劳动、不尊重劳动、劳动素养低的情况。

三、育人目标

通过强化劳动教育，培养大学生的劳动素养，并以劳动素养为中心点，形成多种良好的素养。弘扬劳动精神，引导大学生崇尚劳动、尊重劳动，懂得"劳动最光荣、劳动最崇高、劳动最伟大、劳动最美丽"的道理，养成热爱劳动、自觉劳动的品质。在劳动中体会不劳无获的道理，养成勤俭节约的文化素养；在劳动中流汗水、领会劳动果实得来艰辛不易，养成尊重劳动者和劳动果实的道德素养；在劳动中学习技能技艺、提升自我，养成精益求精的专业素养等。

四、育人路径

培养大学生劳动素养，需要加强劳动理论教育，树立正确的劳动价值观；通过强化劳动实践，建立劳动情感，养成良好的劳动习惯，在劳动过程中磨炼意志。通过理论学习与实践锻炼，切身体会，明白不劳无获的道理，以劳动模范典型为榜样，从点滴做起，培养自觉劳动的习惯，发自内心认可劳动，才能形成"崇尚劳动、热爱劳动、辛勤劳动、诚实劳动"的劳动精神。大学生劳动素养的培养不可能一蹴而就，需要循序渐进，日积月累。具体路径主要有：一是加强理论知识学习。提升大学生知识水平和能力，加强思想理论课与专业课程的学习，融思政知识于专业课程学习中，以思政教育为思想引领，培养大学生正确的劳动观和价值观，认识劳动的意义，提高劳动素养；以专业课培养牢固的专业知识体系，作为劳动实践的科学指导。二是强化劳动实践过程。大学生通过积极参与"劳动周（月）"、志愿服务、公益活动、社会实践、就业实习等进行劳动活动，进行不断的学习和锻炼，感受劳动价值与乐趣，形成科学的劳动观，养成良好的劳动品质，培养责任意识，领悟勤勉敬业的劳动精神，让学生在实践中提升热爱之情和认同之感。

五、育人成效

强化劳动教育提升大学生综合素养：一是提升新时代大学生的劳动素养。通过劳动教育培养了大学生科学正确的劳动价值观，并将其内化于心，外化于行，养成了自觉劳动的良好习惯和品质，愿意从事不同类型的劳动，并在劳动的过程中锻炼了体魄，磨炼了意志，提升了素养。二是提升新时代大学生的其他素养。通过劳动过程培养了勤奋好学、求知探索的科学素养；精益求精、一丝不苟的专业素养；明事知礼、不骄不躁的人文素养等，养成勤俭节约的文化素养和担当奉献的职业素养等。在工作和生活中，大学生能时刻保持高尚的人格素养，积极投身于劳动，为实现美好幸福生活而努力，为社会主义建设做贡献。

第四节　尊重劳动·血育文化

劳动文化，是一种伸张劳动的价值和地位，劳动者的尊严和权利的文化，是一种属于劳动者、依靠劳动者和为了劳动者的文化。本节聚焦"劳动文化"主题，重点是将尊重劳动的文化发扬光大并发掘劳动中的文化元素，培养大学生的劳动底蕴，欣赏劳动的艺术性，在劳动中孕育文化，养成热爱劳动、尊重劳动的劳动文化，将其培养成新时代大学生的基本素质之一。

一、案例导入

【案例 6.11】劳动成果被无视

草地里立着的"草儿青青，足下留情"的提示牌已经歪歪倒倒躺在一边了，曾经郁郁葱葱的绿色草坪也已经被踩踏出了一条小路。草坪边，园艺工作者正在搬运草皮，准备重新栽种新的草坪，并规划在草坪中间铺一条石板小路。位于学生宿舍区和绿道间的这块小草地，因为"阻碍"了大家跨越两边的道路已经被多次践踏修整，而每一次的修整劳动都没有得到应有的尊重。

【案例 6.12】缺乏文化素养的游客

一到旅游旺季，各个旅游景点就挤满了游客。为了选取最好的拍摄位置，时常出现游客长时间霸占一个地方拍照的现象，又或是为了证明自己来过该景点，就在历史建筑上雕刻"某某某到此一游"，当游客离开的时候，经常会看到很多垃圾散落在各个地方，留下保洁工人弯腰清扫的背影。

【案例 6.13】塑造文化的劳动故事

战国时水害频繁，李冰父子为老百姓谋福利，不畏长途跋涉，多次深入高山密林，开凿滩险，疏通航道，使得成都平原减少了水灾和旱灾，也造就了如今的都江堰水文化。

【案例 6.14】大学生的劳动教育课堂

来自大学生的自评："大学里劳动教育课堂上距离下课还有一分钟的时间，同学们已经开始骚动起来了，很多人都在收拾东西准备离开了，我也是。老师说了一番话让我很羞愧。是的，我们刚刚学习了劳动素养、劳动情怀，而现在，我们却如此不尊重课堂，不尊重老师的劳动成果。这不仅会使老师寒心，对我们本身的学习来说也没好处。我们应该尊重劳动成果，不仅仅是老师的，还有食堂工作人员的、学校清洁员工的，等等。"

二、问题分析

劳动文化不浓是大学生劳动教育培养存在的问题之一。一是礼仪文化和传统文化教育不足、学习不够，不明白以小见大、职业不分贫富贵贱的道理。同时，生活中因为缺乏足够的劳动教育和实践磨炼，无法理解劳动的艰辛和重要性。因此，在文化教育和劳动教育的双重缺失下，才出现了现实生活中不尊重劳动的行为。二是大学生未能理解劳动文化内涵，没有意识到劳动教育也是塑造文化修养的重要一环，没有构建起和谐的劳动奉献意识，对国家战略发展的新时代文化认识不足。

三、育人目标

通过强化劳动教育，塑造大学生的多元文化。以劳动教育培养大学生认识并内化"马克思主义劳动观文化、社会主义劳动观文化、科学的学科专业文化、传统的劳动农耕文化、新时代乡村振兴文化、奋进的团队劳动文化和和谐的劳动奉献文化"等，了解文化历史长河中劳动发挥的关键作用，树立文化自信，增强大学生的文化底蕴；引导新时代大学生理解不同文化中蕴含的劳动元素，明白劳动的内涵和重要意义，正确理解劳动创造文化、历史、财富和美好生活的道理，培养健全人格，树立正确的劳动观念，养成尊重劳动、劳动者和劳动成果的习惯。

四、育人路径

培养大学生劳动文化，需要传承和创新传统劳动文化，充分发掘劳动文化育人元素，构建具有劳动文化内涵的校园文化，加强大学生劳动教育文化实践。具体路径如下。

（一）传承和创新传统劳动文化

劳动文化是根植于中华优秀传统文化的文化样态，通过劳动人民实践检验与时代淬炼，在不断丰富和发展中，形成了劳动人民的风貌、品行、思想、信念的有机整体。劳动教育具有文化启蒙价值，它是解放所有人的文化启蒙，是反映和表现社会生活文化的知识文化启蒙。传承文化就是通过学习和模仿，继承劳动人民的优良传统，并将其进行推广发扬。通过劳动教育深刻理解每一种文化内涵，掌握其精髓，又在劳动实践中结合新时代发展要求，融入新技术和新的知识体系，将其加以改造创新。从伏羲"重农桑，务耕田"，到唐代开始出现的"耕事节"或"劳农节"，再到中华人民共和国成立初期的劳动生产教育期，发展至新时代弘扬劳动教育精神，劳动文化历经几千年的时代变迁，沉淀出不同的时期特色，是传承，也是创新。

（二）充分发掘劳动文化育人元素

劳动是人类社会的本质活动，是文化沉淀过程中必不可少的，没有劳动就不会形成丰富的文化历程，劳动是创生文化的一种方式。劳动过程蕴含着丰富的文化元素，只有通过认真学习、深刻领会、进行实践，并理解劳动是一切文化凝聚的重要底色，才能发现劳动文化元素。在劳动中小到一件劳动物件，如旧石器时代的骨针，是古时染织文化的重要劳动文物，大到一个历史典故都有文化元素，如秋收起义后，毛泽东带着队伍上了井冈山，生活条件极为艰苦，面对困难，毛泽东号召大家"没有粮，我们种；没有菜，我们栽；没有布，我们织；没有鞋，我们自己动手编草鞋"，并亲自下山向一位白发老汉学习打草鞋，回到山上后又一招一式教给战士们，给大家树立了一个勤劳俭朴的好榜样。这是中国共产党党史文化上的一个小插曲，毛泽东诠释了党史文化中劳动教育的重要作用，也通过劳动传递了勤劳的编织文化，展示了勤俭节约文化。

（三）加强大学生劳动教育文化实践

劳动教育归根结底是要落脚到实践上的，只有亲身体验，才能对劳动教育如何培育文化修养有更多的思考和体会。劳动的生产实践是一种不同于纯理论、纯粹精神的文化，是一种融合解释世界和改造世界的实践唯物主义的文化。毛泽东在《实践论》中指出，"实践、认识、再实践、再认识，这种形式，循环往复以至无穷，而实践和认识之每一循环的内容，都比较地进到了高一级的程度"。也只有这样，我们才能不断接近真理。同理，实践也是中国文化精神形成的基本路径。古有诗词《悯农》"锄禾日当午，汗滴禾下土。谁知盘中餐，粒粒皆辛苦"，以种植粮食的体力劳动教会后人节约粮食的优秀传统，形成了勤俭节约的传统文化和农耕文化。当代大学校园里有实验实习、实践教学、耕读劳动教育传授大学生专业文化、农业文化等。实践出真知，唯有实干，才能深刻明白文化的力量以及对人们认识世界、改造世界产生的作用。陶行知说过"生活即教育"，将课堂与生活结合，将文化教育与劳动教育相结合，在劳动中体验中华文化的博大精深，根植文化修养，在学习文化中培养劳动意识，相辅相成，尊重劳动就是尊重文化。因此，在学校、企业乃至全社会营造强化劳动教育的文化，将劳动教育与文化活动有机结合，以实践活动传递文化的精神力量，体验文化的诞生历程，感受并领悟勤勉敬业的劳动精神。

（四）构建具有劳动文化内涵的校园文化

学校劳动文化建设是新时代学校劳动教育实施的重要途径。劳动文化建设有助于培育学生正确的劳动价值观、良好的劳动习惯和品质，提升他们的劳动素养。新时代劳动文化指向价值观培养，呼应新时代劳动精神，关注动手实践。结合学校优势特色建立"三农"文化、工业文化、海洋文化等特色劳动文化主题内容，从"挖掘丰富的教育资源，打造劳动文化环境""开展多元的主题活动，营造劳动文化氛围""借助多样的媒体平台，进行劳动文化宣传""发挥各界的协同力量，形成劳动文化价值认同"出发，联合校内外、线上线下资源拓宽文化资源平台，发挥第一、第二课堂的育人作用，在实践和理论中挖掘并提炼各类文化中的劳动特色，传递多元化的劳动文化。

总之，以劳动教育培育文化需要理论学习与实践锻炼并举。理论上，理解劳动教育与文化之间是相互依托、互为支撑的关系；实践上，以亲身劳动领会文化内涵，切身体会文化的诞生和力量，体会文化形成过程中劳动的创造性和复杂性，进而认识劳动并尊重劳动。

五、育人成效

（一）劳动教育培养新时代大学生尊重劳动的观念

劳动教育本质上也是一种文化教育，培养大学生尊重劳动的根本前提是要进行文化教育。"尊重劳动、血育文化"的劳动教育成效是受教育者理解了劳动文化的历史，形成了对劳动文化的全新认识，学习和理解了多样的世界各类文化，认识到不同文化中所包含的劳动元素及其发挥的作用，在实际行动中展现出浓厚的文化底蕴和劳动素养，在学习、工作和生活中养成了尊重劳动的主动行为。

（二）劳动教育助力新时代大学生提升文化修养

文化是人类在社会历史发展过程中所创造的物质财富和精神财富的总和，每一种文化的诞生都包含了劳动的过程。因此，在劳动教育过程中，大学生可以学习农业文化、农耕文化等"三农"文化，认识党史文化、政治文化等近现代史文化，传承习俗文化、民族文化等传统文化，培养艺术文化、法律文化等专业文化，塑造校园文化，接纳网络文化等多元文化。在多种文化的认识与理解过程中实现文化修养的提升和劳动价值观的转变，深刻领会"劳育文化，以文化劳"的观念。

第五节　崇尚劳动·心育奋斗

"民生在勤，勤则不匮"，社会主义事业建设离不开劳动实践，更离不开劳动者的辛勤奋斗。奋斗是人类通过努力追求更高精神层面和物质层面的一种行为，是每个人实现自己的梦想和人生目标的一种必要途径，是为实现目标去战胜各种困难的过程。劳动是一个充满艰辛、挑战与困难的过程，长期坚持投入和从事劳动，离不开奋斗拼搏精神。本节聚焦"劳动奋斗"，重点以劳动教育激发大学生投身劳动的主观性，提升大学生的奋斗精神和奋斗动力。

一、案例导入

【案例 6.15】大学里沉睡的大学生

人民日报曾发文《沉睡中的大学生：你不失业，大理难容！》。大学生毕业即失业已经成为一种社会现状，大学四年一晃而过，很多大学生虽然起点比一般人员高，但是在大学中虚度光阴、不认真学习。上课时，不是发呆、睡觉，就是玩手机，课余时候则是约会、追剧、聚餐、沉迷游戏，或是偶尔努力一下，但却由于跳一跳也够不着的成就和荣誉而放弃，逐渐变得不思进取、安于现状，过度"躺平"，最后毕业的时候除了一纸毕业书和学位证空无一物，更有甚者延期毕业或无法毕业。

【案例 6.16】"扶不起的阿斗"刘禅

刘禅在刘备去世后继位成为蜀国皇帝。即位后，刘禅因为胸无大志，不理国事，不愿努力奋斗改变日渐衰落的国力，即便有诸葛亮这样的名臣辅助和教导也无法改变，在诸葛亮去世后，宦官黄皓开始专权，蜀国逐渐衰败，最后被魏国灭国，这就是历史典故"扶不起的阿斗"。刘禅在位时享受父辈留下来的安逸生活，缺乏志存高远的奋斗精神，最终导致了一个国家的灭亡。

【案例 6.17】"最美奋斗者""铁人"王进喜

王进喜出生于一个贫苦家庭，玉门解放后成为一名石油工人。刚发现大庆油田的时候，呈现在王进喜面前的是许多难以想象的困难：没有公路；车辆不足；要开钻了，可水管还没有接通。但王进喜和他的同事下定决心：有天大的困难也要高速度、高水平地拿下大油田。钻机到了，吊车不够用，他们就用滚杠加撬杠，靠双手和肩膀用人拉肩扛的方式，奋战 3 天 3 夜，终将 38 米高、22 吨重的井架迎着寒风矗立在荒原之上。没有水，他就带领工人到附近水滩上破冰取水，硬是用脸盆水桶，一盆盆、一桶桶地往井场端了 50 吨水，经过艰苦奋战，仅用 5 天零 4 小时就钻完了大庆油田的第一口生产井。王进喜用富有责任担当、充满勇气魄力的奋斗精神诠释了"铁人"的称号，赋予了劳动者奋斗精神的内涵，为我国石油事业发展提供了宝贵的财富。

二、问题分析

新时代高等学校的大学生存在劳动斗志不够、奋斗不足等现象，部分大学生甚至选择"躺平"而无所作为。主要原因如下。一是新时代大学生未系统接受劳动教育，遇到挫折容易轻言放弃，投身劳动的奋斗力不够。二是部分大学生出现"混大学"的心理，随着时代的发展，竞争愈发激烈，很多大学生从紧张的高中生活进入大学后，出于一种补偿性放松和解脱的心理，创造出"反内卷""躺平"等词。三是部分大学生习惯于未经奋斗的优越生活；部分大学生不愿意吃苦、不愿意付出和奋斗，享受着父辈带来的优越生活，没有体会劳动创造生活的艰辛历程。

三、育人目标

以劳动教育培育大学生的奋斗精神，激励新时代大学生投身劳动、心育奋斗。让大学生明白劳动是奋斗的一种形式，劳动者必须要有奋斗精神，并深刻认识到新时代是奋斗者的时代。让大学生在不断磨炼的过程中成长、领悟，树立"古之立大事者，不惟有超世之才，亦必有坚忍不拔之志"的奋斗观，培养新时代大学生成长为具有"劳动奋斗观、劳动奋斗精神、劳动奋斗毅力"的奋斗者，成长为能坚持劳动和奋斗的社会主义建设者和接班人。

四、育人路径

要想以劳动教育培育大学生的奋斗精神,激励新时代大学生投身劳动就需要树立大学生劳动奋斗的理念,强化奋斗力的实践培养,以劳动理论和实践教育激发奋斗精神和奋斗动力。具体路径主要有以下几种。

(一)强化大学生劳动奋斗理论学习

首先是正确认识劳动和奋斗。劳动是具体的体力工作,奋斗是抽象的努力。劳动是奋斗的一种形式,劳动需要有奋斗的精神,而实现奋斗目标,归根到底也需要劳动。劳动的过程也是一个奋斗的过程,具有不确定性,并充满曲折,成功的劳动者离不开攻坚克难的奋斗精神,劳动带来的不仅仅是外在的物质的显性的改变,也会对人内在的认识、观念和精神等隐形的思想等产生深远的影响,进而对人的行为产生指导作用。其次是理解劳动和奋斗的重要性。高尔基说过:"劳动是世界上一切快乐和一切美好事情的源泉。劳动创造人类,劳动创造世界,劳动更创造未来。"只有不停止拼搏、勇敢创造自我价值和社会价值、不停奋斗的人才能追求更有成就感和幸福感的人生。对个人而言,劳动是个人谋生的途径;对国家而言,劳动为社会进步和现代化建设做出贡献。

(二)强化大学生劳动奋斗实践锻炼

以实践劳动教育强化大学生对劳动的认识。在实践劳动中总会遇到一些困难,如果轻言放弃就不能完成劳动,只有奋力坚持、不懈奋斗才能收获劳动的果实。大学生应积极投身劳动,抓住校内外的锻炼机会,参与不同类型的劳动活动,在劳动过程中经历挫折和困难,激发责任担当、志存高远、信念坚定、坚忍不拔、顽强拼搏等奋斗精神,用百折不挠的进取意志,变挫折为动力,从而克服重重困难、战胜挫折。勇当迎难而上、开拓创新的"拓荒牛",获得劳动果实,在不断磨炼的过程中成长、领悟。

(三)以劳动奋斗典型引领大学生

以劳模故事为激励,以精湛技艺为示范,通过真实的案例传递劳动和奋斗带来的成就感,引导人们深刻认识到新时代是奋斗者的时代。中国人素来有吃苦耐劳、敢于奋斗和拼搏的精神。纵观中国历史不难发现,成功都是通过辛勤劳动和努力奋斗取得的,如越王勾践卧薪尝胆、司马迁忍辱写《史记》、岳飞尽忠报国等。同理,以身边的优异典型为代表，围绕创新创业等时代主题，鼓励大学生综合运用所学知识、技术积极开展实习实训、社会服务、科学实验等劳动实践，在劳动实践过程中领会劳动模范身上体现的"爱岗敬业、争创一流，艰苦奋斗、勇于创新，淡泊名利、甘于奉献"的劳模精神，引导大学生树立正确的择业观，锤炼意志品质，敢于在困难与挑战中完成行动任务，培养到艰苦地区和行业工作的奋斗精神。

五、育人成效

（一）能培养大学生投身劳动进行奋斗拼搏的精神

通过劳动教育，引导大学生认识到美好幸福的生活是靠辛勤劳动、拼搏奋斗创造出来的，纵使道路坎坷，只要努力拼搏，一切皆有可能，从而激励大学生主动投身劳动实践。在劳动实践中培养紧跟时代、勇于创新的奋斗探索精神，知难而进、永不气馁的拼搏奋斗精神，艰苦奋斗、务求实效的踏实奋斗精神，理想坚定、信念执着的担当奋斗精神，团结合作、积极进取的团结奋斗精神，发挥只争朝夕的奋斗精神，以多种奋斗精神驱动新青年投身劳动，以劳动实践提升奋斗活力，奋发图强、砥砺前行。

（二）能培养大学生增强劳动奋斗的责任使命感

劳动教育能培养新时代大学生胸怀大志、披荆斩棘，努力实现人生的奋斗目标。培养新时代大学生具有担当使命、奉献终身的奋斗精神。让大学生在经济飞速发展、社会多元化进程的格局下，主动积极地进行劳动，面对曲折艰辛的改革发展道路，树立志向、心怀抱负、志存高远，超越自我、实现人生价值，为中国特色社会主义建设做贡献。

第六节　投身劳动·体育实干

"道虽迩，不行不至；事虽小，不为不成。"古人的智慧警示后人，事无大小，不实干就不能成功。所谓"实干"，就是实实在在、踏踏实实、认认真真地劳动做事；也是巧干、用心干、用科学智慧干。本节聚焦"劳动实干"主题，让劳动实干成为当代青年最亮丽的底色，重点是让大学生体会"劳动最光荣，实干创伟业""实干方能兴邦、实干方能强国、实干方能富民"等道理，将想法付诸实干。

一、案例导入

【案例6.18】缺乏实干而终止的校园活动

某高等学校一个大学生协会准备举办一场活动，需要预先提出方案，做好与其他部门协会的协调，并准备多种道具。在制订方案环节，大家都非常积极地进行讨论，方案也很快通过了学校的审核。然而进入下一个环节的时候，大家都觉得和其他部门进行协调很麻烦，不愿意实际行动起来，会长让副会长去沟通，副会长又让会员去咨询，道具组也面临同样的问题，因为方案中涉及的道具需要四处借或自己制作，有一定的难度，大家都推三阻四，不愿意动手做，导致活动无法按时展开，最后被取消。

【案例6.19】"假把式"的脱贫攻坚

在脱贫攻坚战中，有部分党员干部不踏踏实实干事，而是热衷于"自我设计"，醉心于"晋升路线图"；或是不想吃苦，拈轻怕重，不愿到条件艰苦的地方工作；还有的擅长"假把式"，工作中避实就虚，或追求"显绩"，不肯下实功，考核的时候弄虚作假、走马观花，导致不符合要求的工程项目等通过验收审核，无法带领当地老百姓真正走出贫困。

【案例6.20】"纸上谈兵"的赵括

回顾历史，"空谈误国"的实例不胜枚举，比如战国时期只会"纸上谈兵"的赵括，他从小就学习兵法，谈及军事。行军打仗的时候他不看当时的实际情况，只照着兵法上说的去做，最终兵败被杀，40万赵军全军覆没。

【案例6.21】发现疟疾克星"青蒿素"

20世纪60年代，屠呦呦在原有抗疟药物氯喹失效的背景下，接受了国家疟疾防治研究项目"523"办公室艰巨的抗疟研究任务。刚接受任务的时候，屠呦呦只是"光杆司令"，为了尽快找到有效药物，她并没有等待组织安排研究团队就开始广泛收集整理资料，走访请教老中医，汇编了多个药方，然后对不同的药材进行试验研究。几十年如一日，在经历多次失败后，在第191次低沸点实验中发现了抗疟效果为100%的青蒿提取物。为了测试药物的毒副作用，她和2位同事以身试药，成功证实了青蒿素没有人体毒副作用。屠呦呦用攻坚克难和创新实践的实干精神、严谨科学的专业态度、无私奉献的敬业精神解决了困扰全球的疟疾难题，拯救了无数的疟疾患者，得到了全世界的认可和尊重。

【案例 6.22】大学里的"实干"优秀毕业生

某高等学校优秀毕业生李同学进入大学后就给自己定下了目标："要大胆走出舒适圈，参加有质感的实践；要勇敢尝试探索，以创新实干的精神做科研，走入科研创新第一线，进行有成效的双创。"在遇到好的机会时会毫不犹豫拿下，不去计算其中的价值与奖励，永远以学习、体验的态度面对。为了学到能够指导实践的知识去追求真才实干。争取到"双创"项目后全力以赴，白天线上面试，晚上和"双创"老师连线完善项目，紧接着准备参与第二天线下夏令营的材料，在与时间赛跑的过程中用实干、巧干高效率地完成了所有事情，最后获得了国家铜奖的好成绩。该同学凭着坚强毅力、踏实认真和勤奋学习成功保送至中国科学院，打开了自己人生的新篇章，也用实际行动诠释了劳动开创未来、实干成就梦想的内涵。

【案例 6.23】中华民族实干成伟业

中华民族是一个勤劳智慧的民族，从远古的钻木取火，到修建举世瞩目的万里长城，再到当代世界闻名的港珠澳大桥和"蛟龙"号潜水器等大国重器建设，以及全面打赢9899万农村贫困人口的脱贫攻坚战，无一不体现了中国人追求卓越、精益求精的劳动观，做大事、成伟业的事业观，以及以人民为中心的价值遵循。

二、问题分析

新时代高等学校的大学生劳动实干力不足的主要原因有：一是对劳动实干认识不足。空有理论却实践很少，想得多、做得少，喊口号多、实干少，没有脚踏实地进行劳动，也没有领会劳动的意义，更没有理解实干是通往成功的必经之路。二是对劳动有等级观念的认识。内心觉得劳动有贵贱之分，认为有些劳动低人一等、又脏又累，不愿意去做。三是劳动责任与使命感不强。缺乏足够的责任担当，喜欢"抄近路""走捷径"，好高骛远，不够务实，不愿亲身实践，不愿投身劳动，不愿"出力流汗"，又或是敷衍蛮干、脱离实际劳动，导致很多事情无法高质量完成，甚至无法完成。

三、育人目标

通过劳动教育培养具有实干精神的人才，深化大学生对劳动和实干的认识与理解，在理论学习与实践锻炼过程中培养大学生体有实干。以劳动教育为载体，加强专业知识学习和应用的同时，提高认识站位，转变陈旧观念，激发创新实干，养成不怕吃苦、不怕吃亏、甘于奉献的精神，踏踏实实做事，细致全面总结，与时俱进，在学习中不断提升实干能力，做行动上的巨人，把实干当作一种崇高责任、一种价值取向、一种人生追求。

四、育人路径

劳动是实干的一种形式，培育大学生的实干精神，关键要抓住劳动教育。具体路径主要有以下几种。

（一）劳动与实干具有统一的本质内涵

实干的过程是补充、完善、校正理论的过程。实干精神是在实干过程中形成和发展的各种精神要素的总和，是爱国爱民、勇担重任的担当精神，求真务实、实事求是的务实精神，艰苦奋斗、攻坚克难的创业精神，恪尽职守、爱岗敬业的奉献精神，奋勇争先、开拓创新的进取精神的有机统一。由此可见，实干与劳动都是体力和脑力的双重付出，都是充满不确定性和曲折的，最终都创造了精神财富和物质财富。因此，可以认为劳动与实干本质上是一样的，只是在不同的研究层面具有不同的表达方式，产生了不同的理解，劳动教育归根结底也是一种实干教育。

（二）加强知识学习提升劳动实干能力

培养实干精神，需要强化理论学习，不断丰富专业知识，提升实干能力，在"做中学，学中做"，以学促做，才能适应复杂变化的国内外环境。将掌握牢固的理论知识转化为实际行动，落实到实践活动中，走出教室、实验室，深入社会，充分利用社会实践、志愿服务、实习实训等进行劳动实践，做"起而行之的行动者"，不做"坐而论道的清谈客"。

（三）以劳动实践锻炼强化劳动实干能力

大学生应摒弃偏见，脚踏实地，把握每一个锻炼的机会，下得去一线基层，上得来统筹规划，不害怕量大、任务重的劳动，而是要把各类劳动活动都当成历练，在劳动实干过程中注重学习和总结，以谦虚的态度干好本职工作，在向楷模和前辈的学习过程中汲取经验教训，强化自己的实干能力。汪辉祖指出："士不好学，农不力田，便不成为士、农。欲尽人之本分，全在各人做法……故'人'是虚名，求践其名，非实做不可。"他提出各行各业的人要"实做""实干"，进行脚踏实地的工作。小到送外卖、做保洁，大到修桥铺路、经商创业，都是一种实践，也都能培养实干能力。只有通过实践，养成良好的劳动习惯，才能培养出强大的实干力。

五、育人成效

劳动教育能将新时代的大学生培养成具有"实干理念、实干精神、愿实干、肯实干、能实干、会实干"的实干家。一是塑造大学生尊重劳动、崇尚劳动、坚持劳动实干的理念，大学生能在工作、生活与学习中主动、自觉地践行实干理念。二是丰富大学生的劳动实干精神。培养踏实认真、真抓实干的务实精神，攻坚克难的钉钉子精神，恪尽职守、爱岗敬业的奉献精神，奋勇争先、开拓创新的进取精神，勇担重任的担当精神。三是培养大学生劳动实干能力。大学生更愿意认真做事、踏实工作，以行动作为检验能力、提升能力的主要途径。

学习思考题

1. 新时代大学生劳动教育育人"铸魂六器"的内涵是什么？

2. 新时代大学生劳动教育育人"胸育情怀"的内涵是什么？

3. 新时代大学生劳动教育育人"骨育精神"的内涵是什么？

4. 新时代大学生劳动教育育人"脑育素养"的内涵是什么？

5. 新时代大学生劳动教育育人"血育文化"的内涵是什么？

6. 新时代大学生劳动教育育人"心育奋斗"的内涵是什么？

7. 新时代大学生劳动教育育人"体育实干"的内涵是什么？

8. 新时代大学生结合实践反思如何拥有劳动情怀？

9. 新时代大学生结合实践反思如何拥有劳动精神？

10. 新时代大学生结合实践反思如何拥有劳动素养？

11. 新时代大学生结合实践反思如何拥有劳动文化？

12. 新时代大学生结合实践反思如何拥有劳动奋斗？

13. 新时代大学生结合实践反思如何拥有劳动实干？

参考文献

班建武，曾妮. 2021. 大学生劳动教育[M]. 北京：人民邮电出版社.

蔡心，张琳. 2023. 新时代中国共产党人劳动精神的内涵意蕴与弘扬路径[J]. 学校党建与思想
　　教育，(8)：7-10.

崔延强，陈孝生. 2022. 马克思劳动教育思想及其当代价值[J]. 苏州大学学报(教育科学版)，1：
　　67-74.

邓洪玲. 2021. 新时代高职院校学生创造性劳动能力的培养探索[J]. 经济研究导刊，(8)：91-95.

动医党办. 2019. 校友李川川荣获成都市"十佳返乡农业创业大学生"[EB/OL]. https://
　　news.sicau.edu.cn/info/1078/55333.htm[2023-05-15].

杜先伟. 2019. 论大学生新时代劳动精神培养[J]. 教育评论，(4)：16-20.

高天. 2022. 劳动精神的三重维度[J]. 大庆社会科学，(3)：24-27.

韩秦烨. 2021. 马克思主义实践观及当代价值探析[J]. 现代商贸工业，(20)：106-107.

何东昌. 1998. 中华人民共和国重要教育文献(1949—1975)[M]. 海口：海南出版社.

黄蓉生，樊新华. 2021. 培养新时代大学生劳动精神的四个着力点[J]. 中国高等教育，(9)：4-6.

简仁山. 2011. 劳模精神似已渐行渐远 新世纪劳模评选争议不断[EB/OL]. http://news.cntv.
　　cn/pinglun/20110520/104322.shtml[2023-08-16].

李雨燕，曾茜. 2021. 马克思劳动教育思想及其当代启示[J]. 吉首大学学报(社会科学版)，(2)：
　　109-117.

梁广东. 2021. 弘扬劳动文化与培育敬业价值观的关系论析[J]. 新余学院学报，26(6)：42-48.

梁艳，侯兴蜀. 2019. 新时期高校开展劳动教育的意义与策略[J]. 北京教育(高教)，(6)：98-101.

林万龙. 2021. 耕读教育十讲[M]. 北京：高等教育出版社.

刘向兵. 2019. 新时代高校劳动教育论纲[M]. 北京：社会科学文献出版社.

刘向兵，李珂. 2017. 论当代大学生劳动情怀的培养[J]. 教学与研究，(4)：7.

柳夕浪. 2014. 从"素质"到"核心素养"——关于"培养什么样的人"的进一步追问[J]. 教
　　育科学研究，(3)：5-11.

龙献忠，钟和平. 2014. 实干精神：科学内涵、形成条件与践行路径[J]. 理论学刊，(1)：96-99.

陆信礼. 2019. 劳动教育应汲取传统智慧[EB/OL]. http://www.shmbjy.org/item-detail.aspx?
　　NewsID=10368 [2023-07-11].

吕罗伊莎，王调品，刘桦. 2021. 劳动教育教程 [M]. 北京：北京师范大学出版社.

马克思. 1976. 政治经济学批判[M]. 中共中央马克思恩格斯列宁斯大林著作编译局译. 北京：
　　人民出版社.

马克思. 1995. 《政治经济学批判》序言[M]//马克思，恩格斯. 马克思恩格斯选集：第 2 卷. 中
　　共中央马克思恩格斯列宁斯大林著作编译局编译. 北京：人民出版社.

马克思，恩格斯. 1972. 马克思恩格斯全集：第 23 卷[M]. 中共中央马克思恩格斯列宁斯大林
　　著作编译局编译. 北京：人民出版社.

马克思，恩格斯. 1979. 马克思恩格斯全集：第 42 卷[M]. 中共中央马克思恩格斯列宁斯大林
　　著作编译局编译. 北京：人民出版社.

马克思，恩格斯. 2012a. 马克思恩格斯选集：第 1 卷[M]. 3 版. 中共中央马克思恩格斯列宁斯

　　大林著作编译局编译. 北京：人民出版社.

马克思，恩格斯. 2012b. 马克思恩格斯选集：第 3 卷[M]. 3 版. 中共中央马克思恩格斯列宁斯
　　大林著作编译局编译. 北京：人民出版社.

马志霞，黄朝霞. 2021. 新时代大学生劳动教育的价值意蕴、核心内容及实践策略[J]. 中国大
　　学教学，（10）：60-66，78.

毛泽东. 1951. 毛泽东选集：第一卷[M]. 北京：人民出版社.

毛泽东. 1964. 人的正确思想是从哪里来的？ [M]. 北京：人民出版社.

毛泽东. 2013. 关于正确处理人民内部矛盾的问题[EB/OL]. https://fuwu.12371.cn/2013/08/19/
　　ARTI1376892293655966_all.shtml[2023-05-15].

梅月平. 2020. 实现劳动教育与创业教育的同力同行[J]. 人民论坛，（30）：60-61.

史钟锋，董爱芹，张艳霞. 2022. 新时代大学生劳动教育[M]. 北京：清华大学出版社.

苏轼. 晁错论 [EB/OL]. https://hanyu.baidu.com/shici/detail?from=kg1&highlight=&pid=12264
　　d13ada5490580aaae4ff99af6c1&srcid=51369[2023-07-10].

檀传宝. 2021-12-01. 劳动教育从正确理解概念开始[N]. 中国教育报，第 5 版.

王江松. 2018. 劳动文化的复兴和劳动教育的回归[EB/OL]. https://cyyangqiguan.com/yuedu/
　　yd104890.html[2023-07-10].

王鹏. 2020. 找准劳动教育与创业教育契合点[EB/OL]. https://www.jyb.cn/rmtzgjyb/202004/
　　t20200430_322283.html[2023-05-15].

王蕊. 2019. 新时代大学生劳动情怀缺失的表现、成因及对策[J]. 淮阴师范学院学报（自然科学
　　版），18（3）：261-265.

吴安春，傅海燕. 2022-05-31. 聚焦劳动素养 破解劳动教育难题[N]. 光明日报，第 14 版.

习近平. 2013a. 在同全国劳动模范代表座谈时的讲话[EB/OL]. http://politics.people.com.cn/
　　n/2013/0428/c70731-21322732.html[2023-05-21].

习近平. 2013b. 在同各界优秀青年代表座谈时的讲话[EB/OL]. https://www.xinhuanet.com//
　　politics/2013-05/04/c_115639203.htm[2023-05-15].

习近平. 2015. 在庆祝"五一"国际劳动节暨表彰全国劳动模范和先进工作者大会上的讲
　　话[EB/OL]. https://www.gov.cn/xinwen/2015-04/28/content_2854574.htm[2023-05-17].

习近平. 2016. 紧跟时代肩负使命锐意进取 为共同理想和目标团结奋斗 [EB/OL]. https://
　　www.gov.cn/xinwen/2016-04/29/content_5069304.htm[2023-07-02].

习近平. 2018. 在北京大学师生座谈会上的讲话[EB/OL]. http://politics.people.com.cn/n1/2018/
　　0503/c1001-29961481.html[2023-07-11].

习近平. 2018-05-01. 给中国劳动关系学院劳模本科班学员的回信[N]. 人民日报，第 1 版.

习近平. 2019. 用新时代中国特色社会主义思想铸魂育人 贯彻党的教育方针落实立德树人根
　　本任务[EB/OL]. https://m.gmw.cn/baijia/2019-03/19/32653616.html[2023-05-15].

习近平. 2019. 在纪念五四运动 100 周年大会上的讲话 [EB/OL]. https://www.gov.cn/
　　xinwen/2019-04/30/content_5387964.htm?tdsourcetag=s_pcqq_aiomsg[2023-05-21].

习近平. 2020a. 在统筹推进新冠肺炎疫情防控和经济社会发展工作部署会议上的讲话[EB/OL].
　　https://www.gov.cn/xinwen/2020-02/24/content_5482502.htm [2023-07-11] .

习近平. 2020b. 在全国劳动模范和先进工作者表彰大会上的讲话[EB/OL]. https://baijiahao.baidu.
　　com/s?id=1684289144568276942&wfr=spider&for=pc[2023-07-11].

习近平. 2022. 高举中国特色社会主义伟大旗帜 为全面建设社会主义现代化国家而团结奋
　　斗 —— 在中国共产党第二十次全国代表大会上的报告 [EB/OL]. http://www.gov.cn/
　　xinwen/2022-10/25/content_5721685.htm [2023-04-19].

席岫峰. 2019-01-25. 涵养劳动情怀 培育劳动品质[N]. 吉林日报，第 15 版.

夏征农，等. 2003. 大辞海：哲学卷[M]. 上海：上海辞书出版社.

肖绍明. 2022. 劳动教育的文化研究[J]. 华东师范大学学报(教育科学版)，40(2)：17-28.

新华社. 2013. 习近平致 2013 年全球创业周中国站活动组委会的贺信[EB/OL]. https://news. 12371.cn/2013/11/08/ARTI1383908578675365.shtml[2023-05-15].

新华社. 2020. 习近平给袁隆平、钟南山、叶培建等 25 位科技工作者代表的回信[EB/OL]. https://www.gov.cn/xinwen/2020-05/29/content_5515917.htm[2023-06-12].

新华社. 2022. 习近平在中国人民大学考察时强调 坚持党的领导传承红色基因扎根中国大地 走出一条建设中国特色世界一流大学新路[EB/OL]. https://www.gov.cn/xinwen/2022-04/ 25/content_5687105.htm[2023-05-22].

新华网. 2018. 习近平在全国教育大会上强调 坚持中国特色社会主义教育发展道路 培养德 智体美劳全面发展的社会主义建设者和接班人[EB/OL]. https://www.moe. gov.cn/jyb_xwfb/s6052/moe_838/201809/t20180910_348145.html [2023-03-20].

邢亮，刘乾承. 2022. 新时代高校弘扬劳模精神、劳动精神和工匠精神的价值意蕴与实践路径[J]. 山东工会论坛，28(4)：93-100.

杨培明. 2022. 劳动教育的美学视野[EB/OL]. https://baijiahao.baidu.com/s?id=1730699074 772951162&wfr=spider&for=pc[2023-05-21].

杨雯. 2022. 正式启动！川农大特色耕读教育来了[EB/OL]. https://news.sicau.edu.cn/info/1135/ 67506.htm[2023-05-15].

游苡荟. 2021. 大学生劳动素养和劳动教育的现状与对策研究[J]. 现代经济信息，(35)： 155-157.

张荣纲. 2011. 当前家庭劳动教育存在的问题及改进建议[D]. 长沙：湖南师范大学硕士学位论文.

张伟. 2015. 中国时隔 36 年再次最高规格表彰劳模[EB/OL]. http://politics.people.com.cn/n/ 2015/0429/c1001-26920853.html [2023-04-19].

张志坚，王炜. 2020. 大学生劳动素养审视：现状、原因与对策[J]. 机械职业教育，(1)：50-55.

张智. 2021-09-23. 深刻把握劳动精神的科学内涵和时代价值[N]. 中国青年报，第 3 版.

中共中央文献研究室. 2005. 十六大以来重要文献选编(上)[M]. 北京：中央文献出版社.

中华人民共和国教育部. 2020. 教育部关于印发《大中小学劳动教育指导纲要(试行)》的通 知 [EB/OL]. https://www.moe.gov.cn/srcsite/A26/jcj_kcjcgh/202007/t20200715_472808.html [2023- 01-15].

中华人民共和国教育部. 2021. 教育部关于印发《加强和改进涉农高校耕读教育工作方案》的 通知[EB/OL]. https://www.moe.gov.cn/srcsite/A08/s7056/202109/t20210916_563719.html? eqid=faf4f37d00115c23000000066455b5ff[2023-05-16].

中华人民共和国教育部. 2022.为党育人 为国育才. https://www.moe.gov.cn/jyb_xwfb/s5148/ 202201/t20220124_596030.html[2023-07-12].

中华人民共和国教育部.2020.中共中央 国务院关于全面加强新时代大中小学劳动教育的意见 [EB/OL]. https://www.moe.gov.cn/jyb_xxgk/moe_1777/moe_1778/202003/t20200326_435127. html[2020-09-07].

中央文献研究室. 2014. 十八大以来重要文献选编(上)[M]. 北京：中央文献出版社.

周叶中. 2021-08-30. 引导学生树立正确的劳动观(新论)[N]. 人民日报，第 9 版.

附　　录

附录1　中共中央 国务院关于全面加强新时代

大中小学劳动教育的意见

（2020 年 3 月 20 日）

为构建德智体美劳全面培养的教育体系，现就加强新时代大中小学劳动教育提出如下意见。

一、充分认识新时代培养社会主义建设者和接班人对加强劳动教育的新要求

（一）重大意义。劳动教育是中国特色社会主义教育制度的重要内容，直接决定社会主义建设者和接班人的劳动精神面貌、劳动价值取向和劳动技能水平。长期以来，各地区和学校坚持教育与生产劳动相结合，在实践育人方面取得了一定成效。同时也要看到，近年来一些青少年中出现了不珍惜劳动成果、不想劳动、不会劳动的现象，劳动的独特育人价值在一定程度上被忽视，劳动教育正被淡化、弱化。对此，全党全社会必须高度重视，采取有效措施切实加强劳动教育。

（二）指导思想。以习近平新时代中国特色社会主义思想为指导，全面贯彻党的教育方针，落实全国教育大会精神，坚持立德树人，坚持培育和践行社会主义核心价值观，把劳动教育纳入人才培养全过程，贯通大中小学各学段，贯穿家庭、学校、社会各方面，与德育、智育、体育、美育相融合，紧密结合经济社会发展变化和学生生活实际，积极探索具有中国特色的劳动教育模式，创新体制机制，注重教育实效，实现知行合一，促进学生形成正确的世界观、人生观、价值观。

（三）基本原则

——把握育人导向。坚持党的领导，围绕培养担当民族复兴大任的时代新人，着力提升学生综合素质，促进学生全面发展、健康成长。把准劳动教育价值取向，引导学生树立正确的劳动观，崇尚劳动、尊重劳动，增强对劳动人民的感情，报效国家，奉献社会。

——遵循教育规律。符合学生年龄特点，以体力劳动为主，注意手脑并用、安全适度，强化实践体验，让学生亲历劳动过程，提升育人实效性。

——体现时代特征。适应科技发展和产业变革，针对劳动新形态，注重新兴技术支撑和社会服务新变化。深化产教融合，改进劳动教育方式。强化诚实合法劳动意识，培养科学精神，提高创造性劳动能力。

——强化综合实施。加强政府统筹，拓宽劳动教育途径，整合家庭、学校、社会各方面力量。家庭劳动教育要日常化，学校劳动教育要规范化，社会劳动教育要多样化，形成协同育人格局。

——坚持因地制宜。根据各地区和学校实际，结合当地在自然、经济、文化等方面条件，充分挖掘行业企业、职业院校等可利用资源，宜工则工、宜农则农，采取多种方式开展劳动教育，避免"一刀切"。

二、全面构建体现时代特征的劳动教育体系

（四）把握劳动教育基本内涵。劳动教育是国民教育体系的重要内容，是学生成长的必要途径，具有树德、增智、强体、育美的综合育人价值。实施劳动教育重点是在系统的文化知识学习之外，有目的、有计划地组织学生参加日常生活劳动、生产劳动和服务性劳动，让学生动手实践、出力流汗，接受锻炼、磨炼意志，培养学生正确劳动价值观和良好劳动品质。

（五）明确劳动教育总体目标。通过劳动教育，使学生能够理解和形成马克思主义劳动观，牢固树立劳动最光荣、劳动最崇高、劳动最伟大、劳动最美丽的观念；体会劳动创造美好生活，体认劳动不分贵贱，热爱劳动，尊重普通劳动者，培养勤俭、奋斗、创新、奉献的劳动精神；具备满足生存发展需要的基本劳动能力，形成良好劳动习惯。

（六）设置劳动教育课程。整体优化学校课程设置，将劳动教育纳入中小学国家课程方案和职业院校、普通高等学校人才培养方案，形成具有综合性、实践性、开放性、针对性的劳动教育课程体系。

根据各学段特点，在大中小学设立劳动教育必修课程，系统加强劳动教育。中小学劳动教育课每周不少于 1 课时，学校要对学生每天课外校外劳动时间作出规定。职业院校以实习实训课为主要载体开展劳动教育，其中劳动精神、劳模精神、工匠精神专题教育不少于 16 学时。普通高等学校要明确劳动教育主要依托课程，其中本科阶段不少于 32 学时。除劳动教育必修课程外，其他课程结合学科、专业特点，有机融入劳动教育内

容。大中小学每学年设立劳动周,可在学年内或寒暑假自主安排,以集体劳动为主。高等学校也可安排劳动月,集中落实各学年劳动周要求。

根据需要编写劳动实践指导手册,明确教学目标、活动设计、工具使用、考核评价、安全保护等劳动教育要求。

(七)确定劳动教育内容要求。根据教育目标,针对不同学段、类型学生特点,以日常生活劳动、生产劳动和服务性劳动为主要内容开展劳动教育。结合产业新业态、劳动新形态,注重选择新型服务性劳动的内容。

小学低年级要注重围绕劳动意识的启蒙,让学生学习日常生活自理,感知劳动乐趣,知道人人都要劳动。小学中高年级要注重围绕卫生、劳动习惯养成,让学生做好个人清洁卫生,主动分担家务,适当参加校内外公益劳动,学会与他人合作劳动,体会到劳动光荣。初中要注重围绕增加劳动知识、技能,加强家政学习,开展社区服务,适当参加生产劳动,使学生初步养成认真负责、吃苦耐劳的品质和职业意识。普通高中要注重围绕丰富职业体验,开展服务性劳动、参加生产劳动,使学生熟练掌握一定劳动技能,理解劳动创造价值,具有劳动自立意识和主动服务他人、服务社会的情怀。中等职业学校重点是结合专业人才培养,增强学生职业荣誉感,提高职业技能水平,培育学生精益求精的工匠精神和爱岗敬业的劳动态度。高等学校要注重围绕创新创业,结合学科和专业积极开展实习实训、专业服务、社会实践、勤工助学等,重视新知识、新技术、新工艺、新方法应用,创造性地解决实际问题,使学生增强诚实劳动意识,积累职业经验,提升就业创业能力,树立正确择业观,具有到艰苦地区和行业工作的奋斗精神,懂得空谈误国、实干兴邦的深刻道理;注重培育公共服务意识,使学生具有面对重大疫情、灾害等危机主动作为的奉献精神。

(八)健全劳动素养评价制度。将劳动素养纳入学生综合素质评价体系,制定评价标准,建立激励机制,组织开展劳动技能和劳动成果展示、劳动竞赛等活动,全面客观记录课内外劳动过程和结果,加强实际劳动技能和价值体认情况的考核。建立公示、审核制度,确保记录真实可靠。把劳动素养评价结果作为衡量学生全面发展情况的重要内容,作为评优评先的重要参考和毕业依据,作为高一级学校录取的重要参考或依据。

三、广泛开展劳动教育实践活动

(九)家庭要发挥在劳动教育中的基础作用。注重抓住衣食住行等日常生活中的劳动实践机会,鼓励孩子自觉参与、自己动手,随时随地、坚持不懈进行劳动,掌握洗衣做饭等必要的家务劳动技能，每年有针对性地学会 1 至 2 项生活技能。鼓励学校（家委会）和社区等组织开展学生生活技能展示活动。学生参加家务劳动和掌握生活技能的情况要按年度记入学生综合素质档案。鼓励孩子利用节假日参加各种社会劳动。家庭要树立崇尚劳动的良好家风，家长要通过日常生活的言传身教、潜移默化，让孩子养成从小爱劳动的好习惯。

（十）学校要发挥在劳动教育中的主导作用。学校要切实承担劳动教育主体责任，明确实施机构和人员，开齐开足劳动教育课程，不得挤占、挪用劳动实践时间。明确学校劳动教育要求，着重引导学生形成马克思主义劳动观，系统学习掌握必要的劳动技能。根据学生身体发育情况，科学设计课内外劳动项目，采取灵活多样形式，激发学生劳动的内在需求和动力。统筹安排课内外时间，可采用集中与分散相结合的方式。组织实施好劳动周，小学低中年级以校园劳动为主，小学高年级和中学可适当走向社会、参与集中劳动，高等学校要组织学生走向社会、以校外劳动锻炼为主。

（十一）社会要发挥在劳动教育中的支持作用。充分利用社会各方面资源，为劳动教育提供必要保障。各级政府部门要积极协调和引导企业公司、工厂农场等组织履行社会责任，开放实践场所，支持学校组织学生参加力所能及的生产劳动、参与新型服务性劳动，使学生与普通劳动者一起经历劳动过程。鼓励高新企业为学生体验现代科技条件下劳动实践新形态、新方式提供支持。工会、共青团、妇联等群团组织以及各类公益基金会、社会福利组织要组织动员相关力量、搭建活动平台，共同支持学生深入城乡社区、福利院和公共场所等参加志愿服务，开展公益劳动，参与社区治理。

四、着力提升劳动教育支撑保障能力

（十二）多渠道拓展实践场所。大力拓展实践场所，满足各级各类学校多样化劳动实践需求。充分利用现有综合实践基地、青少年校外活动场所、职业院校和普通高等学校劳动实践场所，建立健全开放共享机制。农村地区可安排相应土地、山林、草场等作为学农实践基地，城镇地区可确认一批企事业单位和社会机构，作为学生参加生产劳动、服务性劳动的实践场所。建立以县为主、政府统筹规划配置中小学（含中等职业学校）劳动教育资源的机制。进一步完善学校建设标准，学校逐步建好配齐劳动实践教室、实训基地。高等学校要充分发挥自身专业优势和服务社会功能，建立相对稳定的实习和劳动实践基地。

（十三）多举措加强人才队伍建设。采取多种措施，建立专兼职相结合的劳动教育师资队伍。根据学校劳动教育需要，为学校配备必要的专任教师。高等学校要加强劳动教育师资培养，有条件的师范院校开设劳动教育相关专业。设立劳模工作室、技能大师工作室、荣誉教师岗位等，聘请相关行业专业人士担任劳动实践指导教师。把劳动教育纳入教师培训内容，开展全员培训，强化每位教师的劳动意识、劳动观念，提升实施劳动教育的自觉性，对承担劳动教育课程的教师进行专项培训，提高劳动教育专业化水平。建立健全劳动教育教师工作考核体系，分类完善评价标准。

（十四）健全经费投入机制。各地区要统筹中央补助资金和自有财力，多种形式筹措资金，加快建设校内劳动教育场所和校外劳动教育实践基地，加强学校劳动教育设施标准化建设，建立学校劳动教育器材、耗材补充机制。学校可按照规定统筹安排公用经费等资金开展劳动教育。可采取政府购买服务方式，吸引社会力量提供劳动教育服务。

（十五）多方面强化安全保障。各地区要建立政府负责、社会协同、有关部门共同参与的安全管控机制。建立政府、学校、家庭、社会共同参与的劳动教育风险分散机制，鼓励购买劳动教育相关保险，保障劳动教育正常开展。各学校要加强对师生的劳动安全教育，强化劳动风险意识，建立健全安全教育与管理并重的劳动安全保障体系。科学评估劳动实践活动的安全风险，认真排查、清除学生劳动实践中的各种隐患特别是辐射、疾病传染等，在场所设施选择、材料选用、工具设备和防护用品使用、活动流程等方面制定安全、科学的操作规范，强化对劳动过程每个岗位的管理，明确各方责任，防患于未然。制定劳动实践活动风险防控预案，完善应急与事故处理机制。

五、切实加强劳动教育的组织实施

（十六）加强组织领导。在党委统一领导下，各级政府要把劳动教育摆上重要议事日程，出台相关政策措施，切实解决劳动教育实施过程中的重大问题，做好督促落实。省级政府要加强劳动教育工作的统筹协调，明确市地级、县级政府及有关部门加强劳动教育的职责，推动建立全面实施劳动教育的长效机制。

（十七）强化督导检查。把劳动教育纳入教育督导体系，完善督导办法。对地方各级政府和有关部门保障劳动教育情况以及学校组织实施劳动教育情况进行督导，督导结果向社会公开，同时作为衡量区域教育质量和水平的重要指标，作为对被督导部门和学校及其主要负责人考核奖惩的依据。开展劳动教育质量监测，强化反馈和指导。

（十八）加强宣传引导。引导家长树立正确劳动观念，支持配合学校开展劳动教育。加强劳动教育科学研究，宣传推广劳动教育典型经验。积极宣传企事业单位和社会机构提供劳动教育服务的先进事迹。注重挖掘在抗疫救灾等重大事件中涌现出来的典型人物和事迹，大力宣传不畏艰难、百折不挠、敢于担当的高尚品格。鼓励和支持创作更多以歌颂普通劳动者为主题的优秀作品，大力宣传辛勤劳动、诚实劳动、创造性劳动的典型人物和事迹，弘扬劳动光荣、创造伟大的主旋律，旗帜鲜明地反对一切不劳而获、贪图享乐、崇尚暴富的错误观念，营造全社会关心和支持劳动教育的良好氛围。

附录2　教育部关于印发《大中小学劳动教育指导纲要（试行）》的通知

教材〔2020〕4号

各省、自治区、直辖市教育厅（教委），新疆生产建设兵团教育局，有关部门（单位）教育司（局），部属各高等学校、部省合建各高等学校：

为深入贯彻习近平总书记关于教育的重要论述，全面贯彻党的教育方针，落实《中共中央　国务院关于全面加强新时代大中小学劳动教育的意见》，加快构建德智体美劳全面培养的教育体系，我部组织研究制定了《大中小学劳动教育指导纲要（试行）》，现印发给你们，请认真贯彻落实。

教育部

2020年7月7日

大中小学劳动教育指导纲要（试行）

为深入贯彻习近平总书记关于教育的重要论述，全面贯彻党的教育方针，落实《中共中央　国务院关于全面加强新时代大中小学劳动教育的意见》，加快构建德智体美劳全面培养的教育体系，制定本指导纲要。

一、劳动教育性质和基本理念

（一）劳动教育性质

劳动是创造物质财富和精神财富的过程，是人类特有的基本社会实践活动。劳动教育是发挥劳动的育人功能，对学生进行热爱劳动、热爱劳动人民的教育活动。当前实施劳动教育的重点是在系统的文化知识学习之外，有目的、有计划地组织学生参加日常生活劳动、生产劳动和服务性劳动，让学生动手实践、出力流汗，接受锻炼、磨炼意志，培养学生正确劳动价值观和良好劳动品质。

劳动教育是新时代党对教育的新要求，是中国特色社会主义教育制度的重要内容，是全面发展教育体系的重要组成部分，是大中小学必须开展的教育活动。它具有鲜明的思想性，必须将马克思主义劳动观贯彻始终，强调劳动是一切财富、价值的源泉，劳动者是国家的主人，一切劳动和劳动者都应该得到鼓励和尊重；倡导通过诚实劳动创造美好生活、实现人生梦想，反对一切不劳而获、崇尚暴富、贪图享乐的错误思想。具有突出的社会性，必须加强学校教育与社会生活、生产实践的直接联系，发挥劳动在个人与社会之间的纽带作用，引导学生认识社会，增强社会责任感；同时注重让学生学会分工合作，体会社会主义社会平等、和谐的新型劳动关系。具有显著的实践性，必须面向真实的生活世界和职业世界，引导学生以动手实践为主要方式，在认识世界的基础上，获得有积极意义的价值体验，学会建设世界，塑造自己，实现树德、增智、强体、育美的目的。

（二）劳动教育基本理念

1. 强化劳动观念，弘扬劳动精神

将劳动观念和劳动精神教育贯穿人才培养全过程，贯穿家庭、学校、社会各方面。注重让学生在学习和掌握基本劳动知识技能的过程中，领悟劳动的意义价值，形成勤俭、奋斗、创新、奉献的劳动精神。

2. 强调身心参与，注重手脑并用

把握劳动教育的根本特征，让学生面对真实的个人生活、生产和社会性服务任务情境，亲历实际的劳动过程，善于观察思考，注重运用所学知识解决实际问题，提高劳动质量和效率。

3. 继承优良传统，彰显时代特征

在充分发挥传统劳动、传统工艺项目育人功能的同时，紧跟科技发展和产业变革，准确把握新时代劳动工具、劳动技术、劳动形态的新变化，创新劳动教育内容、途径、方式，增强劳动教育的时代性。

4. 发挥主体作用，激发创新创造

关注学生劳动过程中的体验和感悟，引导学生感受劳动的艰辛和收获的快乐，增强获得感、成就感、荣誉感。鼓励学生在学习和借鉴他人丰富经验、技艺的基础上，尝试新方法、探索新技术，打破僵化思维方式，推陈出新。

二、劳动教育目标和内容

（一）总体目标

准确把握社会主义建设者和接班人的劳动精神面貌、劳动价值取向和劳动技能水平的培养要求，全面提高学生劳动素养，使学生：

树立正确的劳动观念。正确理解劳动是人类发展和社会进步的根本力量，认识劳动创造人、劳动创造价值、创造财富、创造美好生活的道理，尊重劳动，尊重普通劳动者，牢固树立劳动最光荣、劳动最崇高、劳动最伟大、劳动最美丽的思想观念。

具有必备的劳动能力。掌握基本的劳动知识和技能，正确使用常见劳动工具，增强体力、智力和创造力，具备完成一定劳动任务所需要的设计、操作能力及团队合作能力。

培育积极的劳动精神。领会"幸福是奋斗出来的"内涵与意义，继承中华民族勤俭节约、敬业奉献的优良传统，弘扬开拓创新、砥砺奋进的时代精神。

养成良好的劳动习惯和品质。能够自觉自愿、认真负责、安全规范、坚持不懈地参与劳动，形成诚实守信、吃苦耐劳的品质。珍惜劳动成果，养成良好的消费习惯，杜绝浪费。

（二）主要内容

主要包括日常生活劳动、生产劳动和服务性劳动中的知识、技能与价值观。日常生活劳动教育立足个人生活事务处理，结合开展新时代校园爱国卫生运动，注重生活能力和良好卫生习惯培养，树立自立自强意识。生产劳动教育要让学生在工农业生产过程中直接经历物质财富的创造过程，体验从简单劳动、原始劳动向复杂劳动、创造性劳动的发展过程，学会使用工具，掌握相关技术，感受劳动创造价值，增强产品质量意识，体会平凡劳动中的伟大。服务性劳动教育让学生利用知识、技能等为他人和社会提供服务，在服务性岗位上见习实习，树立服务意识，实践服务技能；在公益劳动、志愿服务中强化社会责任感。

（三）学段要求

1. 小学

低年级：以个人生活起居为主要内容，开展劳动教育，注重培养劳动意识和劳动安全意识，使学生懂得人人都要劳动，感知劳动乐趣，爱惜劳动成果。指导学生：（1）完成个人物品整理、清洗，进行简单的家庭清扫和垃圾分类等，树立自己的事情自己做的意识，提高生活自理能力；（2）参与适当的班级集体劳动，主动维护教室内外环境卫生等，培养集体荣誉感；（3）进行简单手工制作，照顾身边的动植物，关爱生命，热爱自然。

中高年级：以校园劳动和家庭劳动为主要内容开展劳动教育，体会劳动光荣，尊重普通劳动者，初步养成热爱劳动、热爱生活的态度。指导学生：（1）参与家居清洁、收纳整理，制作简单的家常餐等，每年学会 1—2 项生活技能，增强生活自理能力和勤俭节约意识，培养家庭责任感；（2）参加校园卫生保洁、垃圾分类处理、绿化美化等，适当参加社区环保、公共卫生等力所能及的公益劳动，增强公共服务意识；（3）初步体验种植、养殖、手工制作等简单的生产劳动，初步学会与他人合作劳动，懂得生活用品、食品来之不易，珍惜劳动成果。

2. 初中

兼顾家政学习、校内外生产劳动、服务性劳动，安排劳动教育内容，开展职业启蒙教育，体会劳动创造美好生活，养成认真负责、吃苦耐劳的劳动品质和安全意识，增强公共服务意识和担当精神。让学生：（1）承担一定的家庭日常清洁、烹饪、家居美化等劳动，进一步培养生活自理能力和习惯，增强家庭责任意识；（2）定期开展校园包干区域保洁和美化，以及助残、敬老、扶弱等服务性劳动，初步形成对学校、社区负责任的态度和社会公德意识；（3）适当体验包括金工、木工、电工、陶艺、布艺等项目在内的劳动及传统工艺制作过程，尝试家用器具、家具、电器的简单修理，参与种植、养殖等生产活动，学习相关技术，获得初步的职业体验，形成初步的生涯规划意识。

3. 普通高中

注重围绕丰富职业体验，开展服务性劳动和生产劳动，理解劳动创造价值，接受锻炼、磨炼意志，具有劳动自立意识和主动服务他人、服务社会的情怀。指导学生：（1）持续开展日常生活劳动，增强生活自理能力，固化良好劳动习惯；（2）选择服务性岗位，经历真实的岗位工作过程，获得真切的职业体验，培养职业兴趣；积极参加大型赛事、社区建设、环境保护等公益活动、志愿服务，强化社会责任意识和奉献精神；（3）统筹劳动教育与通用技术课程相关内容，从工业、农业、现代服务业以及中华优秀传统文化特色项目中，自主选择 1—2 项生产劳动，经历完整的实践过程，提高创意物化能力，养成吃苦耐劳、精益求精的品质，增强生涯规划的意识和能力。

4. 职业院校

重点结合专业特点，增强职业荣誉感和责任感，提高职业劳动技能水平，培育积极向上的劳动精神和认真负责的劳动态度。组织学生：（1）持续开展日常生活劳动，自我管理生活，提高劳动自立自强的意识和能力；（2）定期开展校内外公益服务性劳动，做好校园环境秩序维护，运用专业技能为社会、为他人提供相关公益服务，培育社会公德，厚植爱国爱民的情怀；（3）依托实习实训，参与真实的生产劳动和服务性劳动，增强职业认同感和劳动自豪感，提升创意物化能力，培育不断探索、精益求精、追求卓越的工匠精神和爱岗敬业的劳动态度，坚信"三百六十行，行行出状元"，体认劳动不分贵贱，任何职业都很光荣，都能出彩。

5. 普通高等学校

强化马克思主义劳动观教育，注重围绕创新创业，结合学科专业开展生产劳动和服务性劳动，积累职业经验，培育创造性劳动能力和诚实守信的合法劳动意识。使学生：（1）掌握通用劳动科学知识，深刻理解马克思主义劳动观和社会主义劳动关系，树立正确的择业就业创业观，具有到艰苦地区和行业工作的奋斗精神；（2）巩固良好日常生活劳动习惯，自觉做好宿舍卫生保洁，独立处理个人生活事务，积极参加勤工助学活动，提高劳动自立自强能力；（3）强化服务性劳动，自觉参与教室、食堂、校园场所的卫生保洁、绿化美化和管理服务等，结合"三支一扶"、大学生志愿服务西部计划、"青年红色筑梦之旅""三下乡"等社会实践活动开展服务性劳动，强化公共服务意识和面对重大疫情、灾害等危机主动作为的奉献精神；（4）重视生产劳动锻炼，积极参加实习实训、专业服务和创新创业活动，重视新知识、新技术、新工艺、新方法的运用，提高在生产实践中发现问题和创造性解决问题的能力，在动手实践的过程中创造有价值的物化劳动成果。

三、劳动教育途径、关键环节和评价

（一）劳动教育途径

将劳动教育纳入人才培养全过程，丰富、拓展劳动教育实施途径。

1. 独立开设劳动教育必修课

在大中小学设立劳动教育必修课程。中小学劳动教育课平均每周不少于1课时，用于活动策划、技能指导、练习实践、总结交流等，与通用技术和地方课程、校本课程等有关内容进行必要统筹。职业院校开设劳动专题教育必修课，不少于 16 学时；主要围绕劳动精神、劳模精神、工匠精神、劳动组织、劳动安全和劳动法规等方面设计。普通高等学校要将劳动教育纳入专业人才培养方案，明确主要依托的课程，可在已有课程中专设劳动教育模块，也可专门开设劳动专题教育必修课，本科阶段不少于 32 学时；课程内容应加强马克思主义劳动观教育，普及与学生职业发展密切相关的通用劳动科学知识，并经历必要的实践体验。

2. 在学科专业中有机渗透劳动教育

中小学道德与法治（思想政治）、语文、历史、艺术等学科要有重点地纳入劳动创造人本身、劳动创造历史、劳动创造世界、劳动不分贵贱等马克思主义劳动观，纳入歌颂劳模、歌颂普通劳动者的选文选材，纳入阐释勤劳、节俭、艰苦奋斗等中华民族优良传统的内容，加强对学生辛勤劳动、诚实劳动、合法劳动等方面的教育。数学、科学、地理、技术、体育与健康等学科要注重培养学生劳动的科学态度、规范意识、效率观念和创新精神。

职业院校要将劳动教育全面融入公共基础课，要强化马克思主义劳动观、劳动安全、劳动法规教育。专业课在进行职业劳动知识技能教学的同时，注重培养"干一行爱一行"的敬业精神，吃苦耐劳、团结合作、严谨细致的工作态度。

普通高等学校要将劳动教育有机纳入专业教育、创新创业教育，不断深化产教融合，强化劳动锻炼要求，加强高等学校与行业骨干企业、高新企业、中小微企业紧密协同，推动人才培养模式改革。专业类课程主要与服务学习、实习实训、科学实验、社会实践、毕业设计等相结合开展各类劳动实践，注重分析相关劳动形态发展趋势，强化劳动品质培养。在公共必修课中，要进一步强化马克思主义劳动观教育、劳动相关法律法规与政策教育。

3. 在课外校外活动中安排劳动实践

将劳动教育与学生的个人生活、校园生活和社会生活有机结合起来，丰富劳动体验，提高劳动能力，深化对劳动价值的理解。

中小学每周课外活动和家庭生活中劳动时间，小学 1 至 2 年级不少于 2 小时，其他年级不少于 3 小时；职业院校和普通高等学校要明确生活中的劳动事项和时间，纳入学生日常管理工作。

大中小学每学年设立劳动周，采用专题讲座、主题演讲、劳动技能竞赛、劳动成果展示、劳动项目实践等形式进行。小学以校内为主，小学高年级可适当安排部分校外劳动；普通中学、职业院校和普通高等学校兼顾校内外，可在学年内或寒暑假安排，以集体劳动为主，由学校组织实施。高等学校也可安排劳动月，集中落实各学年劳动周要求。

4. 在校园文化建设中强化劳动文化

学校要将劳动习惯、劳动品质的养成教育融入校园文化建设之中。要通过制定劳动公约、每日劳动常规、学期劳动任务单，采取与劳动教育有关的兴趣小组、社团等组织形式，结合植树节、学雷锋纪念日、五一劳动节、农民丰收节、志愿者日等，开展丰富的劳动主题教育活动，营造劳动光荣、创造伟大的校园文化。

要举办"劳模大讲堂""大国工匠进校园"、优秀毕业生报告会等劳动榜样人物进校园活动，组织劳动技能和劳动成果展示，综合运用讲座、宣传栏、新媒体等，广泛宣传劳动榜样人物事迹，特别是身边的普通劳动者事迹，让师生在校园里近距离接触劳动模范，聆听劳模故事，观摩精湛技艺，感受并领悟勤勉敬业的劳动精神，争做新时代的奋斗者。

（二）劳动教育关键环节

各地和学校要注重围绕劳动教育的目标和内容要求，从提高劳动教育的效果出发，把握劳动教育任务的特点，抓住关键环节，选择适宜的劳动教育方式。

1. 讲解说明

围绕劳动为什么、是什么问题，有重点地进行讲解，让学生懂得劳动的意义和价值。加强劳动观念、劳动纪律、劳动相关法律法规的正面引导，指明轻视劳动特别是轻视普通劳动的危害，让学生明辨是非。加强劳动知识技能的讲解，让学生认清事理，掌握实践操作的基本原理、程序、规则，正确使用工具的方法和技术。讲解要与启发思考、示范、练习等结合起来。

2. 淬炼操作

围绕如何做的问题，注重示范与练习，让学生会劳动。强化规范意识，注重从最基本的程序学起，严守规则，避免主观随意。强化质量意识，注重引导学生关注细节，每个步骤、环节都要精准到位。强化专注品质，注重引导学生对操作行为的评估与监控，做到眼到手到心到，有始有终。

3. 项目实践

围绕劳动能力的培养，让学生完成真实、综合任务，经历完整劳动过程。注重劳动价值体认，引导学生从现实生活中发现需求，选择和确定劳动项目。强化规划设计意识，充分发挥学生的主动性、积极性、创造性，引导学生对项目实践进行整体构思，综合运用所学知识、技术，不断优化行动方案。强化身体力行，锤炼意志品质，敢于在困难与挑战中完成行动任务。

4. 反思交流

围绕劳动价值意义的建构，引导学生总结、交流，促进学生形成反思交流习惯。指导学生思考劳动过程和结果与社会进步、个体成长的关联，避免停留在简单的苦乐体验上。组织学生交流分享劳动的体验和收获，肯定具有积极意义的认识，纠正观念上的偏差。将反思交流与改进结合起来，使学生在劳动中获得成长。

5. 榜样激励

围绕劳动的精神追求，树立典型，激发劳动热情。注意遴选、树立多类型榜样，不仅要有大国工匠、劳动模范，还要有身边劳动表现优异的普通劳动者和同学。指导学生从榜样的具体事迹中领悟他们的高尚精神和优良品质。明确要求学生在日常劳动实践中努力向榜样看齐。

（三）劳动教育评价

将劳动素养纳入学生综合素质评价体系。以劳动教育目标、内容要求为依据，将过程性评价和结果性评价结合起来，健全和完善学生劳动素养评价标准、程序和方法，鼓励、支持各地利用大数据、云平台、物联网等现代信息技术手段，开展劳动教育过程监测与记实评价，发挥评价的育人导向和反馈改进功能。

1. 平时表现评价

要在平时劳动教育实践活动中及时进行评价，以评价促进学生发展。要覆盖各类型劳动教育活动，明确学年劳动实践类型、次数、时间等考核要求。关注学生在劳动教育活动中的实际表现，注重从行为表现中分析把握劳动观念形成情况。以自我评价为主，辅以教师、同伴、家长、服务对象、用人单位等他评方式，指导学生进行反思改进。要指导学生如实记录劳动教育活动情况，收集整理相关制品、作品等，选择代表性的写实记录，纳入综合素质档案，作为学生学年评优评先的重要参考。

2. 学段综合评价

学段结束时，要依据学段目标和内容，结合综合素质档案分析，兼顾必修课学习和课外劳动实践，对劳动观念、劳动能力、劳动精神、劳动习惯和品质等劳动素养发展状况进行综合评定。建立诚信机制，实行写实记录抽查制度，对弄虚作假者在评优评先方面一票否决，性质严重的应依法依规严肃处理。在高中和大学开展志愿者星级认证。高中学校和高等学校要将考核结果作为毕业依据之一。推动将学段综合评价结果作为学生升学、就业的重要参考。

3. 开展学生劳动素养监测

将学生劳动素养监测纳入基础教育质量监测、职业院校教学质量评估和普通高等学校本科教学质量评估。可委托有关专业机构，定期组织开展关于学生劳动素养状况调查，注重学生劳动观念、劳动能力、劳动精神、劳动习惯和品质等的监测。发挥监测结果的示范引导、反馈改进等功能。

四、学校劳动教育的规划与实施

（一）整体规划劳动教育

学校是劳动教育的实施主体，应根据国家相关规定，结合当地和本校实际情况，对劳动教育进行整体设计、系统规划，形成劳动教育总体实施方案。方案要明确劳动教育目标内容、课时安排、主要劳动实践活动安排、劳动教育过程组织与指导及考核评价办法等。同时要基于学生的年段特征、阶段性教育要求，研究制定"学校学年（或学期）劳动教育计划"，对学年、学期劳动教育实践活动作出具体安排，特别是规划好劳动周等集中劳动，细化有关要求。使总体实施方案和学年（或学期）活动计划相互配套、衔接，形成可持续开展的劳动教育实施方案。

学校在劳动教育规划时要注意处理以下几个方面的关系：

1. 理论学习和实践锻炼的关系

理论学习和实践锻炼都是劳动教育的必要内容。理论学习重在让学生理解和掌握"劳动创造了人本身""劳动创造世界"等历史唯物主义基本理论主张以及劳动相关法律、法规、政策，作为行动的指南。实践锻炼重在将所学知识转化为真正有用的实际本领，形成良好的劳动习惯，弘扬劳动精神。规划劳动教育时，要两者兼顾，坚持以实践锻炼为主，切实保证每一个学生都有必要的劳动实践经历，不能只是口头上喊劳动、课堂上讲劳动。要通过学生实践前的计划构想、实践中的观察思考和实践后的反思交流，加深对有关思想理论、法规政策的理解，实现理论学习和实践锻炼的统一。

2. 劳动教育与其他教育活动的关系

在开足专门劳动教育必修课的同时，中小学劳动教育必修课实践环节中与综合实践活动的社会服务、设计制作、职业体验重叠部分，可整合实施。职业院校、普通高等学校劳动教育中学生生产劳动和服务性劳动可以通过专业实习、实训、创新创业等实践环节完成，日常生活劳动可以通过学生管理落实。

3. 劳动的传统形态与新形态的关系

将日常生活劳动教育贯穿大中小学始终。在安排生产劳动和服务性劳动项目时，中小学要以使用传统工具、传统工艺的劳动为主，引导学生体会劳动人民的艰辛与智慧，传承中华优秀传统文化，兼顾使用新知识、新技术、新工艺、新方法的劳动。职业院校、普通高等学校要注重结合产业新业态、劳动新形态，选择现代农业、工业、服务业项目，提升创造性劳动能力。

（二）劳动教育的组织实施

1. 实施机构和人员

学校要建立健全劳动教育组织实施的工作机制。明确主管校领导，设置机构或明确相关部门负责劳动教育的规划设计、组织协调、资源整合、师资培训、过程管理、总结评价等。

要建立专兼职相结合的劳动教育教师队伍。根据学校劳动教育需要，明确劳动教育责任人，进行劳动教育规划、组织实施、评价等，配齐劳动教育必修课教师，保持教师队伍的相对稳定性。要充分发挥教职员工特别是班主任、辅导员、导师的作用，利用少先队、共青团、党组织以及学生社团等各方面的力量，合力开展劳动教育实践活动。充分利用家长及当地人力资源，聘请相关行业专业人士担任劳动实践指导教师。

2. 劳动安全风险防范与管理

学校要把劳动安全教育与管理作为组织实施的必要内容，强化劳动安全意识，建立健全安全教育与管理并重的劳动安全保障体系。

要依据学生身心发育情况，适度安排劳动强度、时长，切实关注劳动任务及场所设施的适宜性。科学评估劳动实践活动的安全风险，认真排查、清除学生劳动实践中的各种隐患。在场所设施选择、材料选用、工具设备和防护用品使用、活动流程等方面制定安全、科学操作规范，强化劳动过程每个岗位的管理，明确各方责任，防患于未然。制定劳动实践活动风险防控预案，完善应急与事故处理机制。要特别关注劳动过程中的卫生隐患，按照疾控、卫生健康部门及行业有关规定，采取相应措施，切实保护学生的身心健康。鼓励购买劳动教育相关保险。

3. 建立协同实施机制

中小学要推动建立以学校为主导、家庭为基础、社区为依托的协同实施机制，形成共育合力。学校要通过家长会、家长学校、社区宣讲、网络媒体等途径，引导家长树立正确的劳动观；明确家长的劳动教育责任，让家长主动指导和督促孩子完成家庭、社区劳动任务；学校要与相关社会实践基地共同开发并实施劳动教育课程。

职业院校、普通高等学校要建立学校负责规划设计，行业企业社会机构主要负责业务指导，双方共同管理的劳动教育实施机制。通过建立劳模工作室、技能大师工作室，设置荣誉教师、实务导师岗位等，多渠道引入社会力量参与学校劳动教育。要联合社会力量，共建共享稳定的劳动实践基地、校外实习实训基地、各类型创新创业孵化平台，多渠道拓展劳动实践场所。

五、劳动教育条件保障与专业支持

地方教育行政部门要切实加强对劳动教育工作的组织领导，明确机构和人员承担区域推进劳动教育的职责任务，切实加强条件保障、专业支持和督导评估，整体提高大中小学劳动教育质量和水平。

（一）条件建设

1. 丰富和拓展劳动实践场所

地方教育行政部门要统筹规划和配置劳动教育实践资源，满足学校多样化劳动实践需求。充分利用现有综合实践基地、青少年校外活动场所、职业院校和普通高等学校劳动实践场所，建立健全开放共享机制，特别是充分利用职业院校实训实习场所、设施设备，为普通中小学和普通高等学校提供所需要的服务。可安排一批土地、山林、草场等作为学农实践基地，确认一批厂矿企业作为学工实践基地，认定一批城乡社区、福利院、医院、博物馆、科技馆、图书馆等事业单位、社会机构、公共场所作为服务性劳动基地。推动学校充分利用校内学习、生活有关场所，逐步建好配齐劳动技术实践教室、实训基地，丰富劳动教育资源。

2. 加强师资队伍建设

要明确劳动课教师管理要求，保障劳动课教师在绩效考核、职称评聘、评先评优、专业发展等方面与其他专任教师享受同等待遇。推动中小学、职业院校与普通高等学校建立师资交流共享机制，发挥职业院校教师的专业优势，承担普通学校劳动教育教学任务。建立劳动课教师特聘制度，为学校聘请具有实践经验的社会专业技术人员、劳动模范等担任兼职教师创造条件。

高等学校要加强劳动教育师资培养，有条件的院校开设劳动教育相关专业。把劳动教育纳入教育行政干部、校长、教师、辅导员培训内容，开展全员培训，强化劳动意识、劳动观念，提升劳动教育的自觉性。对承担劳动教育课程的教师进行专项培训，提高劳动育人意识和专业化水平。

3. 健全经费投入机制

各地要统筹中央补助资金和自有财力，多种形式筹措资金，加快建设校内劳动教育场所和校外劳动教育实践基地，加强学校劳动教育设施建设，建立学校劳动教育器材、耗材补充机制。学校可按照规定统筹安排公用经费等资金开展劳动教育，可采取政府购买服务方式，吸引社会力量提供劳动教育服务。

（二）加强专业研究和指导

1. 加强劳动教育研究与指导

在全国教育科学规划、教育部人文社会科学研究项目中支持劳动教育研究。地方教育行政部门鼓励和支持相关机构设立劳动教育研究项目。设立一批试验区或试验学校，注重开展跟踪研究、行动研究。举办论坛讲座，营造良好学术氛围。

各级中小学教研机构要配备劳动教育教研员，组织开展专题教研、区域教研、网络教研，通过协同创新、校际联动、区域推进，提高劳动教育整体实施水平。鼓励高等学校依托有关专业机构开展劳动教育教学研究。

2. 组织开展劳动教育课程资源研发

基于劳动教育教学的实际需要，省级教育行政部门明确中小学劳动实践指导手册编写要求，体现"一纲多本"，满足不同地区学校的多样化需求，负责组织审查。职业院校可组织编写劳动精神、劳模精神、工匠精神专题读本，由编写院校或委托专业机构进行审查。鼓励学校、学术团体、专业机构等收集整理反映劳动先进人物事迹和精神的影视资料，组织研发展示劳动过程、劳动安全要求的数字资源，梳理遴选来自教学一线的典型案例和鲜活经验，形成分学段、分专题的劳动教育课程资源包，促进优质资源的共享与使用。

（三）督导评估与激励

1. 加强对学校劳动教育实施情况的督查

把劳动教育纳入教育督导体系，完善督导办法。对地方各级人民政府和有关部门保障劳动教育情况进行督导。对学校劳动教育开课率、学生劳动实践组织的有序性，教学指导的针对性，保障措施的有效性等进行督查和指导。督导结果要向社会公开，作为衡量区域教育质量和水平的重要指标，作为对被督导部门和学校及其主要负责人考核奖惩的依据。

2. 建立健全劳动教育激励机制

在国家级、省级教学成果奖励中，将劳动教育教学成果纳入评奖范围，对优秀成果予以奖励。依托有关专业组织、教科研机构等开展劳动教育经验交流和成果展示活动，激发广大教师实践创新的潜能和动力。积极协调新闻媒体传播劳动光荣、创造伟大思想，大力宣传劳动教育先进学校、先进个人。